计算机教授给孩子讲历史

钱振兴 著

复旦大学出版社

献给孩子

人能做其所愿,但不能愿其所愿。
——叔本华

(A man can do what he wants, but not want what he wants.
—— Arthur Schopenhauer)

编者的话

孩子成长所要的，这本历史书都有了

教孩子立身处世

本书的写作初衷，是一位父亲发愿要为自己成长中的孩子写一本历史书。作者虽工科出身，但学养积累深厚，自幼酷爱文史，博览群书。加上作者跟钱锺书、钱穆等国学大师同属吴越钱氏家族，自幼受良好的族风熏陶与激励，在成才与成长的大道上高歌猛进，以至成为教授中"文理兼通"的佼佼者。作者穿行在历史的密林中寻珍探宝，借说中国历史，循循善诱孩子立身处世之法，学习如何在纷繁复杂的社会中做好事、做好人，如何从历史人物的经验与教训中汲取成长的养分，砥砺前行。

运用数字化思维，教孩子量化概念

作者是一位年富力强的计算机专业教授，他写作此书，是想以身作则，教孩子如何运用数字化思维建构认知体系，以应对信息化时代到来的挑战。他逐一量化概念，提纲挈领，说历史抓住主干、关键，帮助孩子创建自己的知识体系，建构自己的认知框架。本书就是作者运用数字化思维创作的产物。

作者量化出 32 个历史关键词，搭建起中国历史的框架，主干突出，脉络清晰。

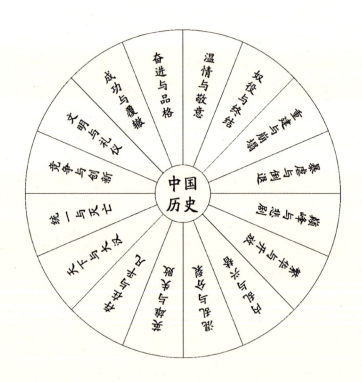

提供丰富、充足的语料库

相比一般的历史类图书,本书篇幅精悍短小,但信息量极大,满满的都是"干货"。书中数以百计的历史人物、历史典故在具体的历史情境中一一展开,娓娓道来,为小读者提供了可读性极强的阅读与作文素材。

精品书目推荐,拓宽阅读视野

结合具体叙述语境与历史情境,作者在书中适时提供了恰当的阅读指导书目(文章)近百部(篇),针对性强,关联度高,逻辑循序渐进,又一目了然,便于孩子拓宽阅读视野。

本书是一本集知识、方法、阅读、写作、探究于一体的历史读物,希望孩子们读得开心。

自序

我从事计算机方面的教学与科研工作，怎么看似乎都不应该来谈历史，毕竟不是自己的专长，也属于不务正业。因为我答应给孩子写一本介绍中国历史的书，于是根据自己的理解写了一些文字，多数是自己一直以来阅读历史所产生的印象。

我研究数字图像处理（Digital Image Processing）很多年，如果给我一些图片（比如后页图），我可以从无数个角度来解释：从语义的角度，我可以说这些图有水果有植物还有房屋；从纹理的角度，我可以说它们由简单的线条或色块组成；从亮度的角度，我可以说它们明暗交错；从变换域的角度，我又可以说它们的能量多集中在低频，反映在高频的噪声相对较少；我还可以通过神经网络的多种卷积运算，将它们投影成人类无法看懂的多个向量。显然，角度不同，结论各不同。

连几幅小小的图画都可以有不同的解释，历史作

手绘图片【作者孩子】

为一个维度巨大的复杂系统,更应当有无数种不同的解释。基于这个简单的思考,我打消了谈论历史的顾虑——尽管古往今来无数专家学者对历史进行了研究、分析和总结,但没有任何一个人可以说他掌握了全部的历史信息,只分水平的高下。这本小书,恰好就是由一个计算机专业的人,将自己作为一种运算工具,将历史这个高维系统投影成一个平面。投影的方法非常简单,并且粗暴:用简单的语言,从"语义"的角度去谈论每个时期,主干之外的细节就不讨论了。

计算机学科在分析问题时,从输入到输出,总有明确的计算过程,不管中间过程如何复杂,总能给出解释。但历史进程并非如此,用计算机模型来刻画历史必然是失败的——"历史"这个系统有无穷多个变量,在每个时刻,每个变量又有无数种赋值的可能,我们看到的每一个历史现象,都只是这些变量在某一种赋值后得出的结果。虽然马克斯·韦伯(Max Weber)等学者也曾建立过一些理论模型来解释历史,但他们的解释方式与计算机完全不同——计算机模型首先需要的是量化。于是,我想要给小朋友一些"量化"的认识,因此我把每个朝代量化成了一两个词语——这显然是不全面的!但正如上文所述,没有人可以做到全局的全面,最多只有局部的全面。我谈的是自己的理解,期望孩子可以有他的理解。

我从小喜欢人文，后来却走上了科学研究之路，渐渐体会到科学与人文研究虽然形式不同，但探索事物真相的精神并无区别。亚里士多德时代，科学与人文并没有明确的分界线，都在一棵树上，只是随着时间推移，树枝分叉了。假如按照辈分来看，历史是这棵树上的祖师爷，计算机则是晚辈的晚辈。也因为树的分叉太多太细，导致了知识逐渐被"隔离"，许多图书中使用大量的专业术语，让普通人很难理解。工科首当其冲，以至于人文历史图书也充斥着专业名词，让人很难捉摸到底是"高"还是"深"。所以，我想用简单的语言去跟小孩谈谈我眼中的中国历史，其中没有专业术语，并不高明，也不深刻。我想告诉他，专业或者研究并没有什么神秘的，重点在于如何在把握主脉络的基础上去自行探索和思考历史。

话又说回来，计算机与历史到底有没有关系呢？最近一些年，我们看到国际上的一些机构与学者也在尝试采用计算机方法辅助研究，尤其是用人工智能（Artificial Intelligence，简称 AI）来辅助历史学的研究。比如荷兰格罗宁根大学的研究人员使用深度学习的方法，分析死海古卷《以赛亚书》中字母呈现的异同，结果表明该古卷可能是由两个古卷合并而成，这改变了传统的历史认知；再比如麻省理工学院（MIT）计算机与人工智能实验室（CSAIL）的研究人员，采用人工智能的方法成功破解历史中已死亡的语言。计算机技术显然已运用于历史研究。

然而，计算机技术或许并非只是一种研究手段。人工智能的兴起，使计算机创作成为可能。比如，我们输入一些历史文字，AI 就可以生成很不错的诗词，下面的这首诗就是 AI 的创作，是我们输入了"远古、温情、敬意、黄帝"之后，AI 用训练好的自然语言处理模型所生成的：

> 万里风云奋壮猷，
> 一时人物绍前修。
> 功高独步超千古，
> 四海升平志业优。

基于给定的主题，我们还可以使用 AI 技术生成宋词，比如下面的《满江红》：

> 大好江山，浑不似、旧时清气。孤客里、琴书药裹，异乡佳味。野店酒香新笋熟，驿亭花发残梅缀。想当年、此日凤台边，双龙辔。
>
> 萍踪聚，愁难寄。鸿雁渺，音尘细。最伤情、处处画船箫吹，击壤竟成儿女债，采芝空负渔樵计。叹世间、荣辱两无端，风波逝。

这些AI生成的诗词，虽然距离人类的作品还有一些差距，尤其在思想内涵方面，但总算具备了古典意趣的雏形吧，它是严格按照诗词格律要求的。

从这个角度看，机器似乎正循着人类历史的足迹，大踏步向前迈进。并且，它已经成为人类历史的一部分，未来的历史书中，一定会介绍图灵（Turing）和香农（Shannon）以来的科学家们所创造的计算机与信息历史。同时，人工智能技术未来或许可以代替人类去撰写古往今来的历史。不管怎么样，还是希望小朋友们在学习时不要将人文与科学完全割裂开。

目录

一 远古时代 温情与敬意 1
  世界上最早的人是怎么诞生的？/ 盘古开天地 / 女娲造人 / 三皇五帝 / 天命无常，惟有德者居之 / 史前文化遗址

二 华夏起源 奋进与品格 11
  大禹治水 / 天下分九州 / 中国历史上第一个朝代 / 少康中兴 / 夏桀亡国

三 殷商王朝 成功与覆辙 21
  天命玄鸟，降而生商 / 商汤灭夏 / 网开一面 / 盘庚迁殷 / 伊尹的谋略 / 奴隶 / 武王伐纣 / 甲骨文

四 东西二周 文明与礼仪 29
  诸侯国周国的壮大 / 西伯姬昌 / 周公旦与姜子牙 / 东西二京（镐京与洛邑）/ 周幽王"烽火戏诸侯" / 分封制的成熟 / 礼乐制度的建立

五　春秋战国　竞争与创新　41
　　《春秋》《战国策》与朝代之名 / 相互竞争的春秋五霸 / 激烈厮杀的战国七雄 / 李悝、吴起、商鞅变法 / 合纵连横 / 秦灭六国 / 儒、道、墨、法家的形成

六　大秦帝国　统一与灭亡　55
　　夏、商、周的"三代之治" / "皇帝"一词的来历 / 由"蛮夷"到"华夏" / 大一统 / 废分封，立郡县 / 书同文，车同轨 / 修筑万里长城 / 焚书坑儒 / 天下苦秦久矣 / 陈胜、吴广起义 / 刘邦、项羽灭秦

七　西汉王朝　天下与大汉　65
　　刘邦"明修栈道，暗度陈仓" / 项羽"四面楚歌" / 西汉王朝的建立 / 出身贫寒的刘邦 / 汉初三杰 / 无为而治 / 文景之治 / 七国之乱 / 秦皇汉武 / 汉朝名将 / 司马迁和他的《史记》/ 罢黜百家，独尊儒术 / 王莽篡汉

八　东汉王朝　存在与平凡　79
　　绿林赤眉起义 / 昆阳之战 / 定都洛阳 / 匈奴降汉 / 外戚和宦官弄权 / 三公九卿制 / 蔡伦改进造纸术 / 班超与班固 / 佛教传入中国

九 三国逐鹿 英雄与失败 91

黄巾军起义／曹操"挟天子以令诸侯"／官渡之战／赤壁之战／魏、蜀、吴三足鼎立／"历史三峡"说／三国英雄谱

十 东西两晋 混乱与分裂 109

高平陵事变／天下归晋／西晋后期的享乐之风／竹林七贤，魏晋风流／八王之乱／五胡乱华／淝水之战／东晋十六国／衣冠南渡／东晋建都建康／佛道思想盛行

十一 南北朝代 内乱与兴替 127

大分裂时期／南方四朝，北方五朝／刘宋"元嘉之治"／南齐"永明之治"／萧梁"台城之祸"／南陈"亡国之音"／第一次南北朝战争／北魏的汉化／杨坚统一南北

十二 光辉大唐 繁华与开放 139

隋朝"开皇之治"／创立科举制度／开凿大运河／唐开国皇帝李渊／贞观之治／开元盛世／安史之乱，藩镇割据／"诗仙"李白和"诗圣"杜甫／古都长安／黄巢之乱／五代十国

十三　两宋风云　巅峰与悲剧　　159

　　陈桥兵变／赵匡胤建立大宋／杯酒释兵权／皇帝与士大夫共治天下／澶渊之盟／庆历新政／王安石变法／靖康之耻，亡国之君／北宋落幕，建炎南渡／范仲淹与苏轼／儒学集大成者朱熹

十四　短暂元朝　暴虐与倒退　　177

　　蒙古人征战亚欧大陆／大蒙古国的建立／四大汗国／"黄金家族"法则／忽必烈建立元朝／火药、印刷术的传播／元曲的兴起

十五　大明光华　重建与崩塌　　187

　　起义军统帅朱元璋脱颖而出／建立大明朝／复兴汉文化／建文帝削藩，靖难之役／《永乐大典》／郑和下西洋／首都搬到北京／仁宣之治／隆庆新政／萨尔浒战役／李自成攻破北京／王阳明与《传习录》

十六　大清帝国　奴役与终结　　203

　　女真族卷土重来／皇太极改国号"大清"／统一全国／康乾盛世／第一次鸦片战争，签订《南京条约》／半殖民地半封建社会的开端／太平天国运动／洋务运动／甲午中日战争／戊戌变法／《辛丑条约》／中华民国的成立

后记　　212

一 远古时代 温情与敬意

- 提要
- 世界上最早的人是怎么诞生的?
- 盘古开天地
- 女娲造人
- 三皇五帝
- 天命无常,惟有德者居之
- 史前文化遗址

好了，故事应该从哪里讲起呢？我们知道，每个人降临世界，就一定有爸爸妈妈，而爸爸妈妈也有自己的爸爸妈妈，由此往上数，就可以数到久远以前的人类——他们便是我们的祖先。我们的祖先也是从出生开始，逐渐长大，度过他们的一生。在他们生活的年代，发生了什么样的事情，有什么有趣的故事，很多都被记载下来了，这就形成了我们今天所知道的历史。

当你旋转地球仪，可以看到蓝色的海洋中有几块陆地和很多小岛，其中有一个面积很大的国家叫中国，这是我们生存的土地，也是我们祖先曾经活动的地方。将中国称为"祖国"，是因为我们的祖先在这片土地上创造了历史，可以说祖国是祖先出生与居住的国家。我们有必要了解一下我们的祖先都做过什么，创造了什么样的历史。至于世界上其他国家的历史，就留给你以后去探索吧。

你曾经问我，世界上最早的人是怎么诞生的，那我就用神话和传说来回答你吧。在中国神话里，世界是由盘古这个巨人开天辟地而形成的,他的身体四肢形成了江河湖海;世界上的人们是由女娲用泥捏出来的,有男有女,可能还有一条狗。全世界每个国家都有类似的传说,比如欧洲国家认为是上帝创造了人类。我们可以把他们都称为"造物主",盘古和女娲便是我们中国人认知中的造物主,至于他们从哪里来,我们也不得而知,或许也有创造他们的造物主吧。将来,等你学习了科学知识,就会发现所有的一切,可能都诞生于宇宙大爆炸。

不知你是否还记得,《三字经》里面说:"三才者,天地人。三光者,日月星。"为什么要最先强调天、地、人呢?这其实是我们的祖先在描绘宇宙的基本组成。每天,我们抬头仰望可见天,低头立足的脚下是大地,所有的感受都来自我们"人"这样一个本体。日、月、星高悬在天空,永久陪伴我们,也点缀了这个世界,让它变得更美丽。后来世界上的人越来越多,便有了天皇、地皇、人皇(又称为泰皇),分别在不同时期担任部落的首领,据说他们都生活在数万年之前。

那个神话传说时代出现了一批首领,如有巢氏,教人怎么搭建房子,防御野兽;燧(读 suì)人氏,教人怎样钻木取火,在寒冷的夜晚获得温暖;伏羲氏,教人如何捕鱼打猎、结绳记事;神农氏,教人怎样播种五谷、收获粮食。你会看到,我们今天生存所必需的技能,在那个时

盘古图 【唐·佚名】

盘古氏,天地万物之祖也。然则生物始于盘古。昔盘古氏之死也,头为四岳,目为日月,脂膏为江海,毛发为草木。

代就有人发现并教会了大家。你可以把这些传说中的人物，看成是古代先民们奋力生存、抵抗洪水猛兽、克服恶劣环境的代表。如果没有他们，是否还会有今天的我们呢？

在学校上学，你发现班级有班主任，学校有校长，那为什么学校里要有这些角色呢？想象一下，如果没有他们，学校会怎么样？没有班主任，那班级里的同学可能会不守纪律，班级就会一团糟了；没有校长，学校可能也会失去秩序。同样，古代的人们生活在不同的部落，过着原始的生活，互相之间也会你争我斗，这就必须要有人来建立和维护秩序。于是，出现了一个首领叫黄帝，他统一了各个部落，让人们有秩序、有组织地生活在一起，共同追求更好的生活。黄帝是华夏民族的始祖，后来中国人也把黄帝称为"人文初祖"。当然，那个时代还有炎帝、蚩尤等首领，虽然都被黄帝打败了，但他们也是我们的祖先。中国人最初的秩序是由他们创立的。

黄帝去世后，先后又出现了颛顼（读 zhuān xū）、帝喾（读 kù）、尧、舜四位首领，他们继承了黄帝开创的基业，组织人民有序地生活。到这里，你大约知道了，中国古代传说的"三皇五帝"，"三皇"指的是天皇、地皇、人皇，"五帝"指的是黄帝、颛顼、帝喾、尧、舜。最初，他们都在黄河流域活动，黄河的水哺育了最初的中国人,因而我们也称这条大河为"母亲河"。

有关颛顼和帝喾的事迹流传较少。关于尧和舜,则有很多传说故事。他们都是百姓推举出来的首领,不仅有超出常人的优良品德,而且善于治理国家,使人民生活得更好。因为他们,后来有了这句话,"天命无常,惟有德者居之",大约是说,领导人必须要有高于他人的美好品德才行,这句话即使在今天也是放之四海而皆准——作为一个人,一样要有良好的品德。关于尧和舜,还有一个传说,叫"尧眉八彩,舜目重瞳",说尧的眉毛有八种颜色,舜的眼睛里面有两个瞳孔,这也很有趣。也许你会问,这是不是真的?当然不是真的!那人们为什么这么说呢?我只想反问你,哈利波特为什么能飞呢?——这些故事都是创造出来的,为了说明他们有异于常人的地方。如果想了解关于他们的更多故事,你可以阅读中国历史上最伟大、最优美的历史书《史记》,找到第一篇就是了。当然,你需要学好古文,才能读懂上面所记载的故事。

到这里,我讲了一些神话和传说,我经常想起这些故事,每当想起这些都会觉得心旷神怡。如果你还想了解更多有关远古时代的神话传说,可以阅读《中国神话故事》这类书籍,还可看一看图绘的《山海经》,然后你一定会脑洞大开——原来世界还可以这样描绘!

然而，远古人类真实的生活是什么样子的，我们有没有办法可以找到一些证明呢？如果你这样问，那说明你开始怀疑神话传说的真实性了，这种怀疑精神要保持下去。还记得你把《恐龙百科》背得滚瓜烂熟，然后希望做一个考古学家的事吧，既然恐龙化石都能从地下挖出来，那么远古人类的生活一定也会留下痕迹，比如通过挖掘地下的遗址，就能推测出古人是怎么生活的。

过去百年，在中国的地下挖掘出了许多历史遗迹，从一百多万年以前的蓝田人遗址、云南元谋人遗址，到几十万年前的北京周口店遗址，到一万多年前的山顶洞人遗址，再到六千多年前的半坡人遗址，都发现了人类活动的痕迹，从这些遗迹中可以推测出当年人类是怎么生活的。你也许会问：你怎么知道这些挖掘出来的东西是哪个年代的呢？这是一个好问题！这就必须要用科学手段来确定了，有一种方法叫作 ^{14}C 测定，也就是碳-14 测定。等你以后学习了科学知识，自然就会明白。

我们不仅是神话传说中人物的后代，更是这些远古人类的后代。你应该知道，人类是由猿进化而来的（未来你读英国生物学家达尔文的《物种起源》，就能了解人类是怎么进化的、人类为什么会进化），这些遗址中蓝田人、北京人的遗骨就是人类进化的证明。

我们啊，都是他们的后代！这里，我不禁想起网络上的一首有趣的打油诗：

> 你来自云南元谋，我来自北京周口，
> 牵着你毛茸茸的小手，轻轻地咬上一小口，
> 啊！是爱情，让我们直立行走！

不知你是否还记得我们去内蒙古博物院看恐龙的那个下午？如果你想亲眼看到远古时代的遗物，那就去博物馆吧，去北京故宫博物院吧，去陕西历史博物馆吧，去河南博物院吧，去南京博物院吧，去上海博物馆吧……我也想去看看呢！好吧，关于远古时代的事情就说到这里，我相信你一定可以从各种书籍中找到更多细节，说不定将来你还可以讲给我听。

最后，我还要送一句话给你，来自历史学家钱穆先生："所谓对其本国已往历史略有所知者，尤必附随一种对本国已往历史之温情与敬意。""温情"与"敬意"，请记住这两个词语。亲爱的孩子，我们是中国人，当然首先要了解中国的历史。了解中国历史，我们才能知道我们的祖先从哪里来，才能了解他们经历了怎样的奋斗，才能知道今天我们为什么会成为我们。

所以，我们要在心里默默地怀念祖先，向他们走过的路致敬！

小贴士

● **典故**

盘古开天地　女娲造人

● **追问**

为什么黄帝被中国人称为"人文初祖"?

● **拓展**

1. 阅读西汉史学家司马迁《史记》中的《五帝本纪第一》,了解五帝的事迹。
2. 阅读中国志怪古籍《山海经》,了解远古时代的神话传说。
3. 阅读英国生物学家达尔文的《物种起源》,了解人类是怎么进化的、人类为什么会进化。

二 华夏起源 奋进与品格

- 提要
- ○ 大禹治水
- ○ 天下分九州
- ○ 中国历史上第一个朝代
- ○ 少康中兴
- ○ 夏桀亡国

历史说的是古代发生的事情，古人写的《千字文》，第一句话就是"天地玄黄，宇宙洪荒"，这说的就是上一篇中的故事，因此我们也可以将那些年代称为"洪荒时代"，天地处于混沌状态。在那些恶劣的环境下，是什么人点起灯，照亮了人类前进的方向？那些神话或传说给了我们许多答案，它们都是古人对祖先的思考，代表了人类对祖先的一种想象与崇敬，也是对"我们来自哪里"这个问题的回答。

让我们顺着时间的河流，继续往下。距今大约四千多年前，尧把首领的位子传给舜，舜又传给了禹，这就形成了中国历史上的第一个朝代——夏朝。我们先来聊聊夏朝发生的事情吧。

禹通常被叫作大禹，他的父亲是鲧（读 gǔn）。当时，很多地方被洪水淹没，《史记》记载："汤汤洪水滔天，浩浩怀山襄陵"，洪水把村庄淹没，把山陵包围起来，人们都难以生存下去了。于是尧就让鲧去治理洪水，

二 华夏起源 奋进与品格

鲧采取的方法是修建大量堤坝，把洪水堵起来，不让它到处流淌。然而，洪水不但没有消失，反而越涨越高。可见，把洪水堵起来的方法并不好。后来，大禹接替父亲继续去治理洪水，他采取的方法是挖河，用疏导的方法治水，让洪水通过河道流入江河湖海，于是洪水逐渐消退。可以看出，疏导的方法比围堵的方法要好——著名的《子产不毁乡校》一文也讲了这个道理，你可以去找《古文观止》看一看（原文出自《左传》）。由此可见，做事情的方法很重要，只有经过思考和分析，才更有可能取得成功。

现在我们在"纸上"谈起来，大禹治水好像非常简单。然而，古代没有汽车，没有轮船，没有挖掘机，所有事情都要靠人们的体力劳动去实现，即使是在地面上挖一条很小的河，也需要很多人花几年的时间才能完成。为了实现疏导洪水的目标，大禹规划了治理方案，将任务进行分解，组织民众分头行动，前后花了十多年时间，才实现了这个目标。人们说起大禹治水，必然会提到他"三过家门而不入"，为了完成治水的目标，大禹多次从家门口路过都没进去。我们可以用"殚精竭虑""艰苦卓绝"这些词语来形容大禹和那个时代的先民们为了生存而做出的种种努力和奋斗。顺便考虑一下，夏禹治水取得成功的原因有哪些？除了艰苦奋斗之外，他前期的思考和规划是否重

仿唐人大禹治水图（局部）【清·谢遂】

浚哲维商，长发其祥。洪水茫茫，禹敷下土方。

要？有效的组织和管理有没有作用？还有没有其他因素？

全世界很多国家也都有关于洪水的传说，最著名的是欧洲的诺亚方舟，讲述的是洪水中大家为了逃命，躲在一条大船里的故事。假如你感兴趣，可以从书架上找到《圣经的故事》这本书。

后来，大禹接替舜成为首领，把天下分成了九州，就是著名的"冀州、兖（读 yǎn）州、青州、徐州、扬州、荆州、梁州、雍州、豫州"，后来人们也用九州来代指中国。你应该还记得我们去过的扬州，现在它仅仅是一个城市，而古代的扬州有现在几个省的面积那么大。

大禹死后，他的儿子启继承了王位，开始了持续四百多年的夏王朝，我们今天把中华民族又称为"华夏民族"，很大的原因就在于中国是夏朝的延续。我们曾经一起去过绍兴，在那里专门去看了大禹陵，传说大禹就葬在那个陵墓中。

关于夏朝的故事还有一些，这里再说正反两个例子。正面的是"少康中兴"，反面的是"夏桀亡国"，供你对比和思考：同样是君王，为什么结果却有天壤之别？

夏朝有一位君王叫太康，然而他不务正业，每天只想着吃喝玩乐，结果被大臣们赶下了台。他的孙子少康躲在民间，从小立志要恢复夏国的荣光，长大后联合各方面的力量，重新夺回了王位。"少康中兴"这个典故，在中国

二 华夏起源 奋进与品格

的历史上非常有名,每当国家遇到困难或动乱,有志之士总会想起少康当年的处境,想起他发愤图强、励精图治的故事,从而激荡起奋进的力量。

夏朝的最后一位君王叫桀,这是一个暴君,表现比太康更坏,不仅喜欢花天酒地,而且经常凌虐百姓。整个国家在他的治理下怨声载道,民不聊生。最终,百姓在汤的带领下,消灭了夏桀,夏朝也随之灭亡。把自己的快乐建立在别人的痛苦之上——这是一种恶劣的品格,是极度自私的行为!夏朝的灭亡是桀咎由自取的结果,孔子说得好:"己所不欲,勿施于人。"在为人处世方面,如果不希望别人很恶劣地对待自己,那你首先就不能那样对待别人。

也许你还会问,难道持续四百多年的夏朝就只有这些故事吗?当然不止这些,比如后羿射日、嫦娥奔月等。如你感兴趣,可以自行查找家中的各种故事书。我还想让你查一查,看看夏朝的君王们姓什么?之前的黄帝等人又姓什么?他们之间有什么联系呢?嫦娥为什么跑到月亮上去了?后羿射日而夸父逐日,他们的动机有何不同?

我还要很遗憾地说,虽然历史书上记录了很多夏朝的故事,但至今人们还没有从考古发掘中获得关于夏朝存在的明确证据,所以很多人还不认可夏朝存在的真实性。中国已经从某些遗址中发现了一些证据,专家学者们还在努

古代美人图（嫦娥）【清·周培春】

力从事这方面的研究。

从我个人的角度,我更倾向于认为夏朝是真实存在的。至于你怎么看,留给你自己去研究和思考吧。

小贴士

● 典故

三过家门而不入　少康中兴　夏桀亡国　后羿射日　夸父逐日　嫦娥奔月

● 追问

后羿射日与夸父逐日的动机有何不同?

● 拓展

1. 阅读西汉史学家司马迁《史记》中的《夏本纪》,了解大禹治水的故事。
2. 阅读春秋史学家左丘明《左传》中有关"子产不毁乡校"的内容。

三　殷商王朝　成功与覆辙

- 提要
- ○ 天命玄鸟，降而生商
- ○ 商汤灭夏
- ○ 网开一面
- ○ 盘庚迁殷
- ○ 伊尹的谋略
- ○ 奴隶
- ○ 武王伐纣
- ○ 甲骨文

在距今三千六百多年前，当残暴的夏桀被愤怒的民众推翻后，汤建立了一个叫作商的新朝代。汤这个君王，也常常被叫作商汤。在推翻夏朝之前，商国已经是夏朝的一个诸侯小国，当年商的祖先契，曾在协助大禹治理洪水时立下了很大的功劳，因此就被分封在商这个地方。

你一定想不到契是怎么诞生的。《诗经》说："天命玄鸟，降而生商。"也就是说天地让一只黑色的大鸟降落在大地上，生下了契。不知道这是一只怎样的鸟，我猜想它一定有两只宽阔的翅膀，有细长的脖子、尖尖的嘴唇，应该还有两只大眼睛。所以，在后来的图画中，商都以玄鸟为他们的图腾。你可以想象一下，玄鸟到底是什么模样，会不会跟翼龙长得很像呢？

当夏桀压榨和奴役百姓的时候，汤却在认真地治理自己的小国。汤有很好的个人修养，为人也非常宽厚。有一个例子可以说明汤的仁慈之心。传说有一次汤看到有人在撒网捕鸟，希望能把鸟儿一网打尽，这时汤却对捕鸟人

商汤像（局部）【清·佚名】

说,能不能把捕禽的网撤去三面,只留一面呢?让想往左飞的,往左飞;想往右飞的,往右飞。不欲生的,进入我的网中。这就是成语"网开一面"的由来。为什么不要把鸟儿都赶尽杀绝呢?汉语里面还有一个对应的成语叫"涸泽而渔",把水抽干了捕鱼,这是一个反面词语。这个问题,值得你思考一下,我们在做人做事的时候,是否可以借鉴?

汤任用有才能的人帮助他治理国家,他让百姓安心从事生产,于是商这个小国就渐渐富强起来了。与此同时,他联络了周围那些不堪夏桀压迫的小国,团结他们,一致对外,且不断地招兵买马、训练军队。终于,当夏桀的暴政导致民怨沸腾的时候,汤跟周围的小国一起发动战争,推翻了夏桀的统治,并建立了商王朝。这些故事的具体情况,在《史记》和《尚书》中都有记载,只要掌握一些古文知识,就能很容易地读懂它们。

商朝持续了五百多年,在这个过程中,他们曾经多次搬迁首都,直到有一位君王盘庚把国都搬到殷这个地方,才定居下来,所以后人把商朝又称为"殷",或"殷商"。搬迁首都,会不会很复杂呢?一般来说,需要消耗很大的人力和物力,要在新的地方建造房子、规划城市,还要安顿旧都的人民,真是个巨大的工程。既然这样,盘庚之前的君王们为什么还要不断地迁都呢?这肯定是有原因的,

三 殷商王朝 成功与覆辙

你一定能从历史书上找到答案。

故事到这里似乎有点无趣了,那就让我们来聊一个商朝的著名人物吧,他的名字叫伊尹。伊尹是商朝下属的有莘国人,他父亲是一个奴隶——等会儿我会介绍什么是奴隶。父亲担任屠夫和厨师,因而伊尹从小生活在社会的最底层,他也就跟着父亲学习如何做厨师。伊尹勤奋好学,别人只想着怎样学做厨师,他却在学习厨艺的过程中,不断研究当年尧、舜治理国家的方法,并思考和总结出了各种治国的道理和方法。等他后来到了商国,商汤发现了他的才华,就邀请他来帮助自己治理国家。

伊尹认为,要拯救百姓就必须打败和推翻夏桀,他的计划和步骤大约是这样的:第一步,不给夏桀进贡(古代诸侯国都必须给君王送礼),夏桀发现后,起兵攻打商,周围的小国也跟着来攻打商,通过这次试探,商朝了解了夏朝的实力;第二步,继续增强商朝的实力,扩大生产,富国强兵,跟周围的小国继续搞好关系,耐心等待时机的到来;第三步,再次停止进贡,夏桀又派兵来攻打商朝,这时周围的小国都不再听夏桀的命令,于是伊尹认为时机成熟,灭夏就在此时;第四步,发动商朝部队,联合周围的小国,消灭夏桀政权。

由此,你有没有看出伊尹的谋略?无论做大事还是做小事,都要有谋略才行,而谋略从哪里来?来自思考!思考的本领来自何处？来自学习！要做成一件事，不是单单靠空想或蛮干就能实现的！

让我们回到刚才说的"奴隶"这个话题。奴隶指的是失去人身自由、被奴隶主任意驱使的人。奴隶们会被当作动物一样看待，毫无尊严。在古代，世界各国都有奴隶，比如古罗马著名的起义军领袖斯巴达克斯。奴隶制是极其野蛮的制度，中国在两千多年前就已废除了奴隶制度，不允许把人当作牲口一般买卖和使用。欧美各国一直把黑人当作奴隶，美国的奴隶制直到一百多年前的南北战争才被林肯总统废除。可见，中国很早就是世界上最文明的国家。如果想知道这方面的故事，以后你可以读一读美国小说《汤姆叔叔的小屋》《根》《乱世佳人》等世界名著。

我们再聊聊持续五百多年的殷商王朝是怎么灭亡的。前面你已知道了夏桀灭亡的过程，商的灭亡和夏桀的几乎如出一辙。商的最后一个君王是纣王（就是《封神演义》中的纣王），他年轻时是个英勇的人，带领军队四处征战，平定了许多叛乱。可惜后来纣王沉迷于酒色，贪图享乐，有个著名的成语"酒池肉林"，说的就是他的荒唐事。纣王不认真治理国家也就罢了，还惨无人道地虐待、残杀百姓，最后被周武王消灭。

孩子，从商的灭亡你可以发现，贪图享乐、不思进取、性格暴躁的后果是相当严重的。古希腊的哲学家赫拉

三 殷商王朝 成功与覆辙

克利特的名言"人不能两次踏进同一条河流",是说同样的事情不可能发生两次。但事实上,同样的错误却会多次发生,你看商纣王重蹈夏桀的覆辙,他们的失败是出于同一种原因。从他们灭亡的故事中,你有没有得到什么启示?

最后,我还要说一件事,商朝历史已经被证明是真实存在的。二十世纪初,考古学家在河南安阳一带发现了殷墟(殷商的废墟),安阳就是当年盘庚迁过去的首都。殷墟中出土了大量的甲骨(龟甲和兽骨),还有青铜器,上面刻满了殷商时期的汉字。通过识别这些甲骨文和金文,学者们确认了史书记载的商朝历史大多是真实的。在很多有插图的历史书上,你能找到甲骨文的模样。今天我们在纸上书写文字,三千多年前,我们的祖先却只能在甲骨上篆刻文字,用这样的方式来记载事情。这些甲骨文,居然能穿过三千多年的时空,呈现在我们面前,历史是多么神奇!这些,值得你亲眼看一下。

小贴士

● 典故

盘庚迁殷　网开一面　涸泽而渔　酒池肉林

● 追问

伊尹靠怎样的谋略推翻了夏桀？

● 拓展

阅读美国小说《汤姆叔叔的小屋》，了解美国的奴隶制度。

四 东西二周 文明与礼仪

- ● 提要
- ○ 诸侯国周国的壮大
- ○ 西伯姬昌
- ○ 周公旦与姜子牙
- ○ 东西二京（镐京与洛邑）
- ○ 周幽王"烽火戏诸侯"
- ○ 分封制的成熟
- ○ 礼乐制度的建立

前面我们聊了夏朝和商朝的故事，观察这两个朝代，有没有发现它们非常相似？接下来，我们聊一个与夏、商既相似又不相似的朝代，也就是夏、商之后的周朝。周王朝又分为西周和东周两个朝代。且听我慢慢说来，希望能引起你的兴趣和思考。

大约在三千年前，周武王推翻商纣王后，建立了周朝。周朝大约持续了八百年，最后被秦始皇统一了。八百年真是漫长的岁月啊，毕竟一个人的寿命长的在一百岁左右，假如平均每二十五年诞生一代人，周朝大约诞生了多少代人呢？这个你肯定很容易就能计算出来。

周朝过去是一个诸侯小国，位于商朝的西部。他们的祖先叫弃，传说弃的母亲在野外踩到一个巨人的脚印，回家后就孕育了弃，传说总是这样神乎其神！经过好多代人的努力，周国壮大起来，到西伯姬昌的时候（姬姓是周朝的国姓，也是中国大部分姓氏的起源），周国已发展成为商朝下面最强大的属国。殷商感觉到了周国的威胁，冲突就产生

四　东西二周　文明与礼仪

了，纣王不断派人攻击他们。

为什么周国强大了，殷商就感到威胁了呢？有句古话叫"卧榻之侧，岂容他人鼾睡"，说的大概就是这个意思，主要还是殷商自己不够自信吧。

后来，姬昌的儿子姬发继承了周国国君之位，在周公旦和姜子牙的辅佐之下，周国进一步增强了自身的力量，他们跟纣王的军队在牧野打了一仗。虽然纣王号称有七十万人马，但由于暴政，不得人心，部队军心涣散，战争开始后一触即溃，最后纣王也在鹿台自焚而亡。

殷商灭亡后，周王朝正式建立，姬发登上了君王的宝座，历史上称他为"周武王"，这段历史就是著名的"武王伐纣"。这些故事在《封神演义》中你可能看过，不过那是小说，里面的很多内容都是虚构的，并非真实历史。

周武王把国都定在镐（读 hào）京（后来的长安，在今天的西安），为防止东部的属国叛乱，他们在国都东边又修了一个都城洛邑（今天的洛阳），洛阳和长安从这时候开始成为东西二京，它们是我们中国人的精神故乡。记得我们在日本过去的都城京都参观时，惊奇地发现京都的东西两半分别叫洛阳和长安，那正是日本效仿我国古代唐朝而建设的都城。周朝定都在西京（镐京）的时代，国家被称为"西周"；后来搬到东京（洛邑），则被称为"东周"。

接下来的两百多年平淡无奇,直到周幽王的出现。西周最后的君王幽王宠爱一个叫褒姒(读 sì)的妃子,传说她是个冷美人,从没露出过笑容。为了博取褒姒的欢心,周幽王令人点燃烽火,各路诸侯看到燃烧的烽火,认为君王有危险,纷纷派兵前来救援。站在城墙上的褒姒,看到慌乱的兵马,这才露出了笑容。后来,当游牧民族的军队真正兵临城下,幽王再次点燃烽火求救,诸侯以为这又是在戏弄他们,再没人前来救援,西周就这样灭亡了。这就是著名的"烽火戏诸侯"的典故,"狼来了"的故事就是它的翻版。

可笑的周幽王,落了个悲剧的结局!历史总是惊人地相似。《诗经》中有个成语叫"殷鉴不远",是说周朝应该记住殷朝的教训。然而,人类忘记教训的速度太快了,幽王这荒唐的行为,跟夏桀和商纣在本质上没有分别。

聊到这里,我们发现,前面所说的夏、商、西周的故事,风格都差不多。这些历史,无非都是君王一家兴起和消亡的故事,对君王下面的许多诸侯国却很少提及。接下来,我们来到东周,你会发现故事不同了,君王依旧是君王,但他们不再是主角,诸侯们开始轮番登台唱戏了。中国的历史,皇帝是轮流做的,你方唱罢我登场。反观我们的邻居日本,你会发现他们的天皇一直是由同一个家族继承的,这与我国完全不同,不过在大部分时间里,日本的天皇就如同东周的君王一样,没有实际权力。

四　东西二周　文明与礼仪

西周灭亡后,诸侯国帮助周幽王的儿子姬宜臼(读jiù)登上王位,史称周平王。平王迁都到东都洛邑,东周拉开了序幕。此后,诸侯国一个个变得强大起来,逐渐就不听君王的号令了,很多时候,君王还要按照他们的意志去办事。比如春秋五霸、战国七雄,哪一个都是不好惹的,周王拿他们完全没办法。

人们把此后的两百多年,称为春秋;再后来的两百多年,称为战国。在下一章中,我会介绍春秋和战国的情况。距今两千两百多年前,秦国一统天下,周朝也就彻底灭亡了。

周朝八百年的历史,远不是上面几段文字可以概括的。历史如同大象,我们怎么看都只能看到它的一部分,永远也看不清其所有面貌。理想的方法是,立在高处往下看,先看到它的整体形状,然后再下去探究它的方方面面。那我们就迈开步子,稍微往高处站一些,瞥一下周朝的风景吧。

首先,我要说的是周朝的组织结构。在讨论之前,我想先问你一个问题:家中有很多属于你的东西,比如图书、玩具、画册、文具等,请问你是怎么整理它们的?对了,把书放到书架上,把玩具放到透明箱子里,把画册放到收纳柜中,把文具放到笔筒里,这种分门别类的管理方法,可以让物品显得井井有条。那么,古代全国有很多很多人(就如同你有很多很多物品），每个人都有自己的想法，如果他们想做什么就做什么，整个国家是不是会变得一团糟？那应该采取什么方法来管理他们呢？夏、商、周三个朝代采取的管理方法，差不多就是你管理物品的方法，国家太大、人太多了，那就分成很多个小国家，分别进行管理。

记得我们从上海开车去厦门吗？用了一整天的时间。古代没有汽车，只能骑马或步行，如果从首都出发，走一千公里，可能需要半个月，这样的速度太慢了。在如此庞大的国土上，将封地与居民分封给小国的诸侯去管理，君王只要管理这些诸侯就可以了。如此从上到下，君王管理几十个诸侯，每个诸侯管理几十个城市，每个城市管理成千上万的人，如果你用线把这些人物连接起来，是不是如同一棵树？将来你学习计算机科学里面的"数据结构"时，你会发现，这种管理方式就如一棵树，有根，有叶子；当然，除了树之外，还有图等各种结构，它们在我们计算机的操作系统中被广泛使用呢。

历史上把夏、商、周三个朝代的这种组织结构称为封建制，我的理解就是分封土地，分别建设。在那个交通不发达、通信不方便的年代，这种管理方式还是非常有效的。让我们停顿片刻，思考一下，君王管理诸侯国，诸侯国的王管理人民，这样的结构有没有问题？

当然会有问题，正如前面所说的，如果诸侯国变得强

四　东西二周　文明与礼仪

大了，不听从君王的命令怎么办？有三种可能的结果：一种是君王号令各个诸侯把不听话的诸侯打败；另一种是不听话的诸侯号召大家一起把君王打败；最后一种就是诸侯都不理君王，让君王哪边凉快哪边呆着。前两种结果，夏、商、西周时代出现了（想一想，为什么这么说），最后一种结果，东周出现了。在这个时代，国家的封建结构发生巨变，诸侯们开始自己玩自己的，不再听君王使唤。当然，秦之后的国家组织结构，跟从前完全不同，以后我们会说到这一点。

我们从上往下观察周这个朝代的时候，还能看到周朝在礼乐建设方面的贡献。你一定还记得黄帝那个时代，建立了这个国家最初的秩序，这就是"礼"在古代的基本含义，周朝进一步让这种秩序变得更加清晰。谈到这个，我们就必须聊一聊周公。周公名旦，是周武王的弟弟，他辅佐周武王并开创了周朝的基业。有一句诗叫"周公吐哺，天下归心"，说的是周公忙于治理国家，每次饭还没吃完就得吐出来，唯恐怠慢贤人，因为勤奋工作、治国有方，他得到天下人的爱戴。

周公认为，人和人之间必须要有一定的礼仪，不能做超越自己身份的事情，在正式的场合应该说正式的话，穿正式的衣服，演奏正式的音乐。你想想，学生是不是应该尊敬老师？子女是不是应该对长辈礼貌？平时我们可以听

臣顧可學稽首頓首賫曰

舊邦新命　王政何先
咸和囹圄　毋俾顛連

右圖賛臣可學謹按
尚書無逸曰徽柔懿恭懷保小民惠鮮鰥寡自
朝至于日中昃不遑暇食用咸和萬民

帝王道统万年图（周公）【明·仇英】

流行歌曲，升国旗时就必须奏国歌——诸如此类的各种规矩，都是基本礼仪。周公以前的时代，人们对礼仪还没有统一认识，周公制定了礼乐准则之后，人们便对此形成了基本常识。礼乐制度的建立，影响了后代的中国人，大家才普遍认为中国是"礼仪之邦"。

从周朝开始，历史变得鲜活起来，好像多了很多色彩，也更加贴近我们的生活。关于周朝的事情，我就说这些，其他的，就由你自己去探索吧。

四 东西二周 文明与礼仪

⬛ 小贴士

● 典故

卧榻之侧，岂容他人鼾睡　烽火戏诸侯　殷鉴不远　周公吐哺，天下归心

● 追问

1. 周幽王"烽火戏诸侯"与《伊索寓言》中"狼来了"的故事有什么相似之处？
2. 思考礼乐制度的建立对后世的影响。

● 拓展

1. 阅读明朝小说家许仲琳的《封神演义》，了解武王伐纣的故事。
2. 阅读《诗经·大雅·荡》，理解"殷鉴不远"的意思。

五 春秋战国 竞争与创新

- 提要
- ○ 《春秋》《战国策》与朝代之名
- ○ 相互竞争的春秋五霸
- ○ 激烈厮杀的战国七雄
- ○ 李悝、吴启、商鞅变法
- ○ 合纵连横
- ○ 秦灭六国
- ○ 儒、道、墨、法家的形成

前面我们说西周灭亡后，周平王在东都洛邑建立了东周。东周王朝也有很多诸侯国，每个诸侯国都有自己的土地，君王实际控制的土地面积，还比不上一些诸侯国。名义上，这些诸侯国还是东周的下属国，但他们已经不服从东周君王的管理了。

我们把东周这几百年的时间，分成春秋和战国两个时期，前面的二百多年叫作春秋，后面的二百多年叫作战国。为什么叫这两个特别的名字呢？

当时有个诸侯国鲁国，其负责记载鲁国历史的官员很负责任，把那段时期发生的事情记载并保存下来了，史官把事件按年、季、月、日记录，分春、夏、秋、冬四季，简括起来即为"春秋"，后来孔子根据鲁国史官的记录编订了一本历史书《春秋》，所以后来的人们把那个历史阶段称为"春秋"。再后来，诸侯国之间的战争不断，又有人把这段历史写在了《战国策》一书中，因而大家把春秋以后的一段时间称为"战国"。读到这里，你有没有发现

五 春秋战国 竞争与创新

文字记录的力量？想一想，如果没有文字，世界会变成什么样？

让我们先来聊聊春秋时期发生的事情。当时，东周王朝有几十个诸侯国，最大的几个分别是齐国、晋国、秦国、楚国、吴国、越国，中等大小的诸侯国有鲁国、曹国、宋国、郑国、陈国、蔡国、许国，另外还有一些小国，我们就不一一列举了。每个诸侯国都有自己的领导人，即国君。也许你会问，这些诸侯国都分布在什么地方呢？你一定有办法从历史书的插图中找到它们在中国地图中的位置。

我们可以想象一个分蛋糕的游戏。假如有一块大蛋糕，现在给每个人都切一块，有大有小，按道理每个人只能吃分配给自己的那一块。但是，很有可能发生以下情况：有人吃完后，发现别人盘子里还有蛋糕，他就拿起勺子去别人盘子里挖一块来吃，甚至直接把别人盘子里的蛋糕都抢过来吃掉。面对这样的问题，你想想看，有没有什么办法可以加以有效管理呢？一定有办法的！

春秋的时候，就发生了这样的情况，不过不是分蛋糕，而是各诸侯国都想着怎样去抢别人的土地，或者防止别人抢自己的土地。由于国家的主人周王已经把土地分给各诸侯国了，他也没能力管理各诸侯国，这时候，大家就想出一个办法，推举出一个强大的诸侯国，让它的国君担

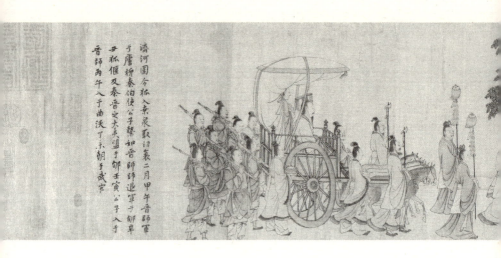

任裁判,来调停大家的纷争,我们把这样的裁判称为"霸主"。一旦诸侯国之间产生了纠纷,就由霸主来调停。因此,春秋时期,各路诸侯国都在竞争当这个霸主。你觉得这个主意怎么样?当霸主有什么好处呢?

竞争总会分出一个高下,各国的实力也会不断发生变化。

最先当上霸主的是齐国。齐国公子小白当上国君,史称齐桓公。齐桓公在宰相管仲的帮助下,把国家治理得很好,齐国成为当时最富裕的国家。于是,齐国提出"尊王攘夷"的口号:天下是周王的,大家都听我的吧,一起对付那些不听话的国家!鲁国不服从,齐桓公就带领小国们

五　春秋战国　竞争与创新

晋文公复国图（局部）【南宋·李唐】

去攻打它。楚国想来抢大家的地盘，在齐国的组织下，大家一起把楚国也打败了。这样，齐国就成了春秋时期的第一个霸主。

后来，齐国国内产生了动乱，大家也就不听齐国的话了。这时候，宋国的国君宋襄公站出来，他带领宋国和几个小国把齐国打败，当上了霸主。好景不长，楚国过来攻打宋国，宋襄公以为自己很强大，跟楚国交锋几次，却都以失败而告终，于是宋国这个霸主没当多久，就当不下去了。

在跟楚国交战的过程中，宋国眼看快被楚国消灭了，这时晋国横空出世。晋国在晋文公重耳的带领下，国力日益增强。面对楚国咄咄逼人的进攻，晋文公带领兵马去救宋国，打败了楚国。于是，大家就让晋文公当上了霸主。

在晋国称霸的同时，西边的秦国也发展得很好，秦穆公非常爱惜人才，礼贤下士，得到了百里奚等优秀人才的帮助，国势蒸蒸日上。于是秦国想向周朝的东部发展，但当时的霸主晋国挡住了他们的道路。战争就不可避免地爆发了，然而新兴的秦国总是屡战屡败。秦穆公痛定思痛，继续建设国家，发展壮大自己的实力，终于在跟晋国的几次战争中获胜了。当然，晋国依旧强大，秦穆公就改变了策略，决定先向西发展，在消灭了十几个小国后，秦国在周朝的西陲当上霸主。

作为殷商的后代，宋国是一个悲剧性的国家。它南边是虎视眈眈的楚国，楚国不断攻打宋国和它周围的一些小国。刚开始，霸主晋国还能帮助它们，后来大家发现，楚国在楚庄王的带领下变得异常强大，就连晋国也不是楚国的对手。在这种局面下，楚国吞并了许多小国，当上了霸主。有一个成语叫作"不鸣则已，一鸣惊人"，说的就是楚庄王。之前他沉迷酒色，不好好治理国家，但是在大臣的多次劝谏下，他清醒过来，及时调整自己，把楚国发展为春秋的霸主。从这个故事里面，你有没有发现，一个人只要能正视自己的问题，不断改进调整，还是可以取得成功的！

五 春秋战国 竞争与创新

要当上霸主并不容易，这就如同你想竞选班长，怎样才能做到呢？首先，你自己的学习成绩要好，让大家觉得你有实力；其次，你要能团结好同学，跟他们搞好关系，他们才会支持你；最后，你还要有很好的组织管理才能，足以胜任。满足这些，你就有很大的可能成为班长。但是，有了这三条，是否一定能当上班长？那还不一定。至于为什么，留给你以后慢慢去体会吧！

接下来，我们要聊一聊战国，第二轮大竞争开始了！

经过春秋时期诸侯国之间的斗争，一些小国纷纷被大国吞并，到战国时期，东周形成了七个主要的诸侯国，分别是秦、魏、韩、赵、楚、燕、齐，这就是著名的"战国七雄"。如果说春秋是第一轮竞争，那么战国就是第二轮竞争。第一轮竞争中，大家还有一些贵族的风度；到第二轮，就管不了那么多了，国与国之间展开了激烈的厮杀。贵族这个说法好像很遥远，却又经常被人提起，那么到底什么是贵族呢？贵族精神又是什么呢？为什么说"三代才能出一个贵族"呢？这些问题留给你自己去探究一下。

在诸侯国的激烈竞争中，能否生存下来是头等大事。假如一个国家的实力不够，那它就很容易被另一个强国消灭，这就和"大鱼吃小鱼"是同一个道理。只有让自己成为大鱼，才能安然无恙——毕竟，实力和胜利，才是赢得尊重的最好方式。对每个诸侯国来说，怎样才能成为大鱼呢？那就要想办法让人民创造更多的财富，让士兵变得更善于作战。也就是说，就必须改变现在的很多做法，我们把这种改变称为"变法"。

当时各国都开展了一些变法，比如魏国的李悝（读 kuī）变法、楚国的吴起变法，都取得了一定的成效。七国中，秦国的变法最为成功。秦国在周朝的西部，整个国家土地相对贫瘠，为改变这种状况，国君秦孝公聘请了商鞅帮助自己施行改革，这就是著名的"商鞅变法"。商鞅提出了很多办法，并得到了国君坚定不移的支持，在这样的情形下，秦国经过几年的发展，变得非常强大，实现了富国强兵。商鞅到底做了哪些事情呢？为什么能取得成功呢？为什么商鞅变法成功后，自己却遭车裂而死呢？这就要留给你自己去寻找答案了。

当秦国变得异常强大，就只剩下一件事了——消灭六国，统一天下。接下来的很多年，秦国采取的办法是向东、向南、向东北三个方向分别出击，去攻打各国。另外六个国家，哪一个都不是秦国的对手。为了生存，六国采取了两种不同的态度："合纵"和"连横"。"合纵"，就是六国联合起来一致对外，争取打败秦国；"连横"，就是跟秦国合作，防止被它消灭。外交家苏秦和张仪两个人，分别到六国鼓吹这样的思想。然而，无论采取哪种策略，六国都没能阻挡秦国扩张的脚步，最终他们都被秦国吞并了。

五 春秋战国 竞争与创新

也许你会想,每个国家都有自己的土地,为什么去抢别国的呢?抢别人的东西肯定是不对的嘛!是的,以后你也会发现,很多事情是没有道理可以讲的,我们能做的就是让自己变得更有实力!

上面聊了春秋和战国的基本历史,其中有很多人物和故事,在很多书中都有更详细的叙述,通过广泛阅读,你一定可以发现更多乐趣——尤其是想象的乐趣!你也能发现,春秋战国时期人们的生活方式和思考方法,都跟我们现在有很大的不同。接下来,我想跟你聊聊春秋战国时期的一群特殊的人,我们把他们称为"思想家"。

你所知道的孔子就生活在那个时代。现在我们每个人都能够到学校学习,接受教育,但在春秋之前,接受教育的只能是贵族,普通百姓是难以受到正规教育的。到了春秋战国时期,贵族逐步被消灭,这个群体逐渐解体,知识开始向百姓扩散。于是,接受了教育的人们,就开始对人生和宇宙的许多问题展开思考,逐步形成了几个主要派别,包括儒家、道家、墨家、法家等。

儒家以孔子、孟子为代表,今天你读的《论语》,就是记录孔子及其弟子思想言论的一本书。孔子是历史上最早的一位优秀教师,他教人怎样更好地融入社会,服务社会,教人在做事情的过程中积极地看待问题,教人在与人交往的过程中提高自己的修养等。因此,后代也把孔子称

先师孔子行教像(拓片)【唐·吴道子】

为"圣人""万世师表"。过去的两千多年，孔子开创的儒家思想一直影响着我们大部分中国人为人处世的方式与态度。以老子和庄子为代表的道家，在当时表达了另一种思想，它主张人们顺从自然，学会退一步海阔天空，这样的思想也被我们中国人所接纳，成为大家对待生活的另一种态度。墨家和法家的思想对后世的影响远没有前者大。你如果对中国古代的思想感兴趣，可以等以后阅读钱穆的《中国思想史》、胡适的《中国哲学史大纲》、冯友兰的《中国哲学史》等书籍。

"有生灭心，有相续心"，一个人总是会有这样那样的想法，但只有围绕某一个或某一些重要问题，展开持续不断的思考，不断提出新的想法，这样才能在某一个领域取得成就。尤其在当代，如果要成为优秀的学者或科学家，就必须具备持续学习和专注思考的本领。假如要举一个当代的例子来说明这一点，我建议你上网查一下当代数学家张益唐的故事，了解他是怎样持续思考并解决数学难题的，从他的人生经历中你一定能得到启发。

春秋战国的人们是不幸的，又是幸运的。说不幸，是因为那几百年是一个大竞争的年代，人们在战争中承受了很多苦难，无数百姓家破人亡。说幸运，则因为那是一个创新的时代，人们的思想获得了大解放，它是中国思想史上最光辉灿烂的时代之一。

孟母斷機教子圖

鄒孟軻之母也號孟母其舍近墓孟子之少嬉遊為墓間之事踴躍築埋孟母曰此非吾所以居處子也乃去舍市傍其嬉戲為賈人衒賣之事孟母曰此非吾所以居吾子也復徙舍學宮之傍其嬉遊乃設俎豆揖讓進退孟母曰真可以居吾子矣遂居之及孟子長學六藝卒成大儒之名君子謂孟母善以漸化孟子之少也嬉遊為墓間之事孟母遂徙居市傍其嬉戲又為賈人衒賣孟母又徙居學宮之傍其嬉遊乃設俎豆揖讓進退孟母曰真可以居吾子矣孟子幼時問東家殺豬何為母曰欲啖汝既而悔之乃買肉以食示不欺也孟子稍長就學而歸孟母方織問曰學所至矣孟子曰自若也孟母以刀斷其織孟子懼而問其故孟母曰子之廢學若吾斷斯織也夫君子學以立名問則廣知是以居則安寧動則遠害今而廢之是不免於廝役而無以離於禍患也何以異於織績而食中道廢而不為寧能衣其夫子而長不乏糧食哉女則廢其所食男則墮於修德不為竊盜則為虜役矣孟子懼旦夕勤學不息師事子思遂成天下之名儒千古之亞聖君子謂孟母知為人母之道矣詩云彼妹者子何以告之此之謂以嘗
乾隆二十八年歲次昭陽浴畢月既濟生畫於西子湖頭護龕樓其識

孟母教子圖【清·康壽】

小贴士

● **典故**

尊王攘夷　不鸣则已，一鸣惊人　合纵连横

● **追问**

商鞅变法让秦国变得强大，最后统一了六国。变法成功了，为什么商鞅却落得车裂的下场？

● **拓展**

阅读现代历史学家钱穆的《中国思想史》、现代思想家胡适的《中国哲学史大纲》、当代哲学家冯友兰的《中国哲学史》等书籍，了解中国古代思想史。

六 大秦帝国 统一与灭亡

● 提要

○ 夏、商、周的『三代之治』
○ 『皇帝』一词的来历
○ 由『蛮夷』到『华夏』
○ 大一统
○ 废分封，立郡县
○ 书同文，车同轨
○ 修筑万里长城
○ 焚书坑儒
○ 天下苦秦久矣
○ 陈胜、吴广起义
○ 刘邦、项羽灭秦

夏、商、周三个朝代持续了大约两千年,它们在历史上经常被称为"三代",历史学家吕思勉先生把周朝结束之前的时代称为"上古时代"。虽然夏、商、周距今过于久远,很多事情都不清楚了,不过有关这三代的很多历史传说却十分生动有趣。后代人总结了这三个朝代的成就,把那时候国家的治理状态称为"三代之治"。在你读过的《论语·八佾(读 yì)》中,孔夫子说:"周监于二代,郁郁乎文哉,吾从周。"意思是周朝继承了夏和商的做法,文化和礼仪都很发达,因此他认同周这样的朝代。

战国时期结束后,秦朝的统治者嬴政统一了中国,他认为自己创造了无可比拟的丰功伟业,用"王"这个字都难以形容了,于是从"三皇五帝"这四个字中提取"皇"和"帝",组成了一个新的称呼,封自己为"皇帝",这个称呼在接下来的两千多年中一直被使用,它代表中国的最高统治者,直到清王朝灭亡才被取消。皇帝嬴政,又被称为秦始皇——秦朝的第一个皇帝。你还记得秦穆公和秦

六　大秦帝国　统一与灭亡

秦始皇像【明·王圻、王思义撰《三才图会》】

孝公吗？他们都是嬴政的祖先，是秦国过去的君王，但他们还不能叫皇帝。

你应该还记得，秦国最初只是周朝西陲偏僻的一个小国，因为秦国的民风非常彪悍，不懂得遵守周朝的礼仪制度，所以被中原的诸侯国称为"蛮夷之邦"。周人认为，周天子居天下之中，统治"中国"，周边的诸夏一同守卫周天子，认为自己的文化是最先进的，周边凡是不遵循周礼的地方都是蛮夷之地，东边叫东夷，西边叫西戎，北边叫北狄，南边叫南蛮。只有当这些地方的人认同并接纳了周的文化和礼仪，周人才认为他们是"自己人"，也就吸纳他们为华夏（相对于蛮夷）族群的一分子。秦国就经历了这样一个由"蛮夷"变"华夏"的过程，经过了很长时间，它才被其他诸侯认同为华夏成员。

有一说造父为秦的祖先，他当初是为周天子养马的官员，后代因为保卫周朝有功，被分封为周朝西部的诸侯。由于他们封地的百姓仍保持着游牧民族的习性，并不了解周朝的礼仪制度，因此被其他诸侯视为蛮夷之国。上一章我们曾聊到，直到秦孝公任用商鞅进行改革，秦国才成为战国时期最强大的国家。秦国对全国的统一是中国历史上伟大的事件之一。现在的中国之所以还是大一统国家，很大程度上是因为秦国在两千多年前就实现了对全国土地的统一管理。

嬴政完成了统一这件大事之后，自称"始皇帝"，即第一代皇帝，他希望大秦帝国千秋万代，后面的皇帝就是第二代、第三代，直到万代。既然所有土地都在自己的管辖之下了，接下来秦始皇要做什么事情呢？

首先，秦始皇改变了夏、商、周三代把土地分给诸侯国的管理方式，他把国家疆域划分为郡和县（相当于现在的省和市），直接指派官员去管理这些郡县，不再是

六 大秦帝国 统一与灭亡

"分封建设"了。秦国好不容易才把各诸侯国都吞并,成为统一的国家,如果再分成很多个小国,那岂不是前功尽弃了?所以他要统一管理!在秦始皇之后的两千年中,每个朝代基本都采用了由中央政府直接管辖地方的郡县制,所谓"千年犹行秦制度",大约说的就是郡县制。封建制向郡县制的转变,中国在两千多年前就已成功实现,而欧洲和日本直到近代才完成,中国比它们早了两千年。

第二,秦始皇统一了汉字的书写方式,规定了统一的度量方式,这就是著名的"书同文,车同轨"。战国时期,各诸侯国都有自己的汉字书写方式,要看懂其他诸侯国书写的文字比较费力。每个诸侯国度量的方式也不同,比如有人用"斤"来表示重量,有人用"磅"来表示重量,这就很麻烦。秦灭六国后,始皇帝要求全国都用统一标准,这样沟通、交流起来就容易多了。今天,你去全国各地,虽然方言不同,但是汉字一看就明白,这就是统一标准的好处。另外,道路也要标准化,秦始皇下令在全国修筑了大量"驰道",使得当时的条条大道都可以通往首都咸阳,至今还能看到其中一些道路的遗址。

第三,秦始皇开始大规模修筑长城。万里长城是中国的标志之一,早在战国时期,北方的赵国就修过长城,秦始皇时期进行了大规模扩建,后代也不断修补,直到清朝才停止了这个浩大的工程。在古代,北方游牧民族经常南下侵犯、抢掠南方的土地，为了保障国家和人民的安全，修一条很长的城墙可有效阻挡北方骑兵。在没有起重机等大型器械的年代，在山上修筑长城，只能靠成千上万的人用双手、用肩膀、用血汗去完成，虽然我们今天已不知道修筑者们的名字，但我们一定要怀念他们！怀念他们的方法之一，就是去长城看看，有句话叫"不到长城非好汉"。当我们在陡峭的山峦上，看到那蜿蜒的长龙，一定会惊叹我们祖先的伟大！感谢无数先民用生命和血汗铸成的防线！

第四，焚书坑儒。秦始皇采纳李斯等法家人物的思想，认为治理国家一定要用最严苛的手段，凡与法家不同的思想，统统都应该被消灭，因而诸子百家的思想书籍，夏、商、周的各种历史典籍等，都被秦始皇下令烧毁了。许多学习《论语》《孟子》等儒家学说的书生，也被秦始皇挖坑活埋了。这是中国历史上最黑暗的时刻！焚烧书籍让先秦的很多重要著作消亡，后代人只能从残存的书籍中去推测上古时代的历史。杀害儒生，是秦始皇残暴的表现，这位统治者对生命缺乏最基本的尊重，使用"穷凶极恶"这样的词语来形容他，丝毫不过分。最重要的是，他给后代的人们做了一个极坏的示范，中国的历史也因此增添了很多暴力的成分。因此，古往今来的历朝历代，很少会有人赞颂秦始皇。

六　大秦帝国　统一与灭亡

秦始皇还收集天下打仗用的兵器，融化后铸成十二个很高的铜人，矗立在首都咸阳。想一想，他为什么要把兵器都收集起来并熔化掉？他在担心什么？他发动无数的百姓，为他建造豪华的宫殿阿房宫和陵墓，真是劳民伤财。他又派出江湖术士去寻找神仙，比如让徐福带三千名童男童女到海上去寻找仙山，期望能找到仙人，赐给他长生不老之药。有趣的是，传说徐福带着童男童女乘船在海面上一路向东，到达了日本。今天仍有很多人认为，日本人是徐福与这些中国人的后代——这当然是没多少根据的。还记得我们在京都去过的伏见稻荷大社，看到那边的介绍说秦始皇的后人跑去日本，成为了当地的大姓。

最终，秦始皇寿终于出巡的路上。一个人即使有无限的权力，也无法延长他的寿命！秦朝的命运要发生大改变了。秦始皇去世前，希望把皇位传给他的大儿子扶苏，然而据说宦官赵高和宰相李斯篡改了他的遗诏，让他的小儿子胡亥当上了皇帝，这是第二代皇帝，因而也被称为"秦二世"。

秦二世是个不学无术的公子哥，对治理国家毫无兴趣，宦官赵高成了秦朝政权的实际控制人。赵高动不动就杀害与自己意见不同的人，讽刺的是，与赵高一起做了坏事的宰相李斯，也被赵高杀害了。有一个著名的成语"指鹿为马"，说的就是赵高故意颠倒是非以逞其淫威之事。

有趣的是，这个故事也为我们的邻国日本增添了一个词语，叫作"马鹿"，它用来比喻一个人是笨蛋、傻瓜。

天下人苦秦久矣，纷纷起来造反。陈胜和吴广揭竿而起，带领农民起义军攻打下了许多城池。虽然后来他们被秦朝大军打败了，然而他们就像一团火焰，点燃了埋葬秦朝的火药。各路起义军如潮水般涌现，纷纷攻打秦朝的军队，真可谓"星星之火，可以燎原"！实力最强大的是项羽和刘邦，他们击溃了秦国的各路大军。昏庸无能的秦二世最终也被赵高杀害，随后赵高又被秦始皇的孙子子婴诛杀。刘邦的军队率先攻陷了首都咸阳，秦国就此灭亡。

大英雄项羽带领大军随后赶到咸阳，放火烧了秦国的宫室，他想把这个残暴政权的痕迹从大地上抹去——放火烧宫室，这本身也是一种暴力的表现！项羽认为，还是应该按照夏、商、周的治理方式治理国家，于是他重新将国家分封为很多小国家。至于他自己，则自封"西楚霸王"，这可真是一个豪气冲天的称号！他也是中国历史上唯一的"霸王"！

秦这个大一统王朝，肇建于秦始皇对六国的消灭，灭亡于天下人对它暴政的愤怒，一共只维持了十多年的时间，真可谓"其兴也勃焉，其亡也忽焉"！秦朝因为它残暴的统治方式，又被人们称为"暴秦"。采取极端的手段

六 大秦帝国 统一与灭亡

来治理国家，不允许任何不同的意见存在，漠不关心百姓生存的疾苦，这些都导致了这个王朝的灭亡。后代人怎样评价一统天下的秦王朝呢？读古代人写的各种文章，你会发现，大家都不认同秦朝的统治，比如你可以看看贾谊写的《过秦论》、杜牧写的《阿房宫赋》、苏洵写的《六国论》等。

当然，秦朝还出现了许多著名的人物，比如善战的将军白起、王翦（读jiǎn），抗击匈奴的将军蒙恬，著名的政治家李斯，大商人和宰相吕不韦，平叛起义军却最终投降项羽的将军章邯，等等。他们的故事，也都十分精彩！

从秦朝短暂的历史中，我们似乎也能明白一些做人的道理。作为社会中的一个人，我们一定要学会温和地对待他人，能够站在他人的角度思考问题，能够容忍他人发表不同的意见，等等。秦国的灭亡，主要原因就在于统治者缺乏宽容之心！推荐你以后读一读美国作家房龙的著作《宽容》，你一定能有所收获！

最后，我再提一个问题，希望你能放下手头的书本，仔细想一想：假设你是秦朝的领导人，你觉得怎样做才能避免秦朝的迅速灭亡？记住，没有标准答案，重要的是，你是否能提出自己的看法！

> 小贴士

● 典故

指鹿为马　其兴也勃焉，其亡也忽焉

● 追问

1. 如何理解"千年犹行秦制度"？
2. 假设你是秦朝的领导人，你觉得怎样做才能避免秦朝的迅速灭亡？

● 拓展

阅读西汉政论家贾谊的《过秦论》、唐代诗人杜牧的《阿房宫赋》、北宋文学家苏洵的《六国论》，看看后世如何评价一统天下的秦朝。

七 西汉王朝 天下与大汉

- 提要
- 刘邦「明修栈道，暗度陈仓」
- 项羽「四面楚歌」
- 西汉王朝的建立
- 出身贫寒的刘邦
- 汉初三杰
- 无为而治
- 文景之治
- 七国之乱
- 秦皇汉武
- 汉朝名将
- 司马迁和他的《史记》
- 罢黜百家，独尊儒术
- 王莽篡汉

历史就像一条长河，有时候风平浪静，有时候浪花跳跃，有时候暗流涌动，有时候又波涛滚滚。夏、商、周三代的大部分时间国家都是风平浪静的，偶有一些浪花跳跃。秦始皇采用高压手段钳制百姓，虽然表面上风平浪静，实际上民间已经暗流涌动。到秦二世，赵高等人无耻地鱼肉百姓，天下就波涛汹涌般地竖起义旗推翻这个政权。

陈胜和吴广最先带领农民军起义，天下群雄纷纷响应，项梁和项羽叔侄俩从江东举事，刘邦从沛县举起反旗，被秦国消灭的六国后代们也纷纷拿起武器，秦国大将章邯虽然带兵多次打败他们，然而反叛的力量太大了，失去人心的秦朝终究无法抵抗天下汹涌的波涛。国家政权像一条船，天下百姓则是水，船能否在水面上顺利行驶，关键看水的状况，有句话叫"水能载舟，亦能覆舟"，说的就是这个道理。"人心"是最重要的力量——你要争取大家的支持。只有获得多数人的认同，才能立于不败之地。

秦灭亡后，项羽以西楚霸王的身份组织政权，他按照

七 西汉王朝 天下与大汉

周朝的方式,重新将国家分封为很多诸侯国。其中,功劳最大的刘邦被分封到远在西南部的汉中和巴蜀(在今天的四川盆地及附近地区),称为"汉王"。秦岭山脉的崇山峻岭将汉中和中原分隔开,西楚霸王认为这样做,就可以防止刘邦带领军队跑出来跟他争夺天下。刘邦听从了大谋士张良的建议,烧了出入巴蜀的栈道。李白说"蜀道难,难于上青天",指的是进入巴蜀的路非常难走,无数大山横亘在眼前,进入巴蜀最好的道路是栈道,栈道就是用木头搭在山腰上而建成的悬空的道路。刘邦把这五百里栈道烧了,他再返回东部就很困难了。你想一想,他为什么要这么做呢?是做给项羽看呢,还是防止项羽来攻打他呢,或者是两者兼而有之?毕竟,项羽的军队要比他的强很多。

进入汉中的刘邦,在那里得到喘息的机会。在这个过程中,他增强了部队的实力,又吸引了许多人才来支持他。其中最重要的人才,是来自淮阴的韩信,刘邦任命他为大将军,统领所有军队。楚汉之争正式开始了!

韩信派一队人马假装去修建被烧毁的栈道,项羽得知后立刻派出大军把守在栈道的出口。出乎意料的是,韩信却取大山中的小道日夜行军,神不知鬼不觉地出了汉中,到达了陈仓,迅速夺取了关中之地(在今天的陕西关中平原地区)。成语"明修栈道,暗度陈仓",说的就是这个历史故事。表面上修栈道迷惑敌人,将真实的意图隐藏在背后,达到出奇制胜的结果,还有一个成语叫"声东击西",说的也是这个道理。就这样,汉王的三路大军,迅速从巴蜀突围而出,向东与项羽争夺天下。

汉军和楚军你来我往,经过数年拉锯战,各路诸侯都被刘邦消灭,最后在垓下这个地方,刘邦的大军将项羽的十万人马团团围住,韩信使出"十面埋伏"的计策,将项羽所有的出路都堵上。为了动摇和瓦解项羽军队的军心,刘邦让汉军在四面唱起楚国的歌曲,项羽的士兵听到家乡歌曲,以为楚人都已投降了汉军,天下都已被刘邦占领了,纷纷失去斗志——这就是"四面楚歌"这个典故的来历,它形容的是大势已去,山穷水尽,眼看就要失败了。霸王别姬之后,西楚政权就这样退出历史舞台。

项羽虽然失败了,但他仍被后人视为大英雄。他是一个优点和缺点都很鲜明的人。这不禁令人想起了古代北非迦太基国的悲剧英雄汉尼拔的壮美一生!今后你通过文史书籍的阅读,一定能发现项羽的优点在哪里,缺点又在哪里。比如,秦末天下大乱,是谁扛起大旗去推翻暴秦?楚汉之争时,谁才是"力拔山兮气盖世"的英雄?你能不能读一读《鸿门宴》,看看到底发生了什么?如果项羽听取范增的意见,还会不会出现"非战之罪"的感慨?天下形势会发生怎样的变化?历史没有假设,但在我们大脑的想

七 西汉王朝 天下与大汉

象空间中,一定可以有!

大约在距今两千二百年前,刘邦打败各路诸侯之后,建立了大汉王朝。当初,刘邦被西楚霸王分封到汉中做汉王,因此他统一国家后,仍沿用封号,把新的王朝称作"汉"。汉朝大约持续了四百年,分成西汉和东汉两个阶段,西汉的首都设在西边的长安,东汉的都城设在东边的洛阳。我们先聊聊西汉。

西汉王朝从第一位皇帝汉高祖刘邦开始,到最后一位皇帝汉哀帝灭亡,共经历了12个皇帝。我们不需要去了解每个皇帝叫什么名号,只需要知道天下发生了哪些事情,人民生活得好不好。孟子有句话说得很好:"民为贵,社稷次之,君为轻。"——意思是说,人民是最重要的,然后才是国家,最后才是君王——一切都要以人民生活得好不好为标准,所谓天下,乃是天下人的天下!

汉高祖刘邦的老家在沛县(在今天江苏省的北部),秦朝时,他担任泗水的亭长(一个小官)。他出生于农村,但不喜欢种田,每日吃喝玩乐,游手好闲。不过,刘邦有他的优点,他心胸开阔,不拘小节,总能团结周围的各色人等。最重要的是,他有很大的抱负,心中总想着做大事。有一次,他看到秦始皇出巡的车队仪仗,不禁发出感慨:"大丈夫当如是也!"当年,项羽也见过秦始皇车队的阵势,他对他的叔叔项梁说:"彼可取而代之也!"这两句话有什么共同点？又有什么不同点？值得你去玩味一番。

汉高祖斩白蛇起义，之所以最终获得胜利，其中有三个人物至关重要，他们是被称为"汉初三杰"的张良、萧何、韩信。当年，刘邦说："运筹帷幄之中，决胜千里之外，吾不如张良；镇守国家，安抚百姓，不断供给军粮，吾不如萧何；率百万之众，战必胜，攻必取，吾不如韩信。三位皆人杰，吾能用之，此吾所以取天下者也。"壮哉！论智谋，张良第一；论管理，萧何最佳；论军事，韩信无敌。最重要的是，他们都能被刘邦所团结，共图大业。他们的传奇故事，非常精彩！你一定要读一读司马迁《史记》中的三篇文章《留侯世家》《萧相国世家》《淮阴侯列传》，那是最优美的古文，是对他们最好的介绍，希望你能从中有所收获！

秦国消灭诸侯国，改行郡县制，但是亡了；西楚霸王灭了秦国，重新分封土地，然而也亡了。现在进入了汉朝，我们看看刘邦是怎么做的。在古代，土地是人们赖以生存的最重要资源，因为它可以种植庄稼，有了粮食人们才不会饿死。因此，怎样分配土地就成了最重要的问题。

汉高祖总结秦国和西楚的经验教训，采取了一条折中路线：一方面，所有土地都是国家的；另一方面，他又分封了一部分土地给他的刘姓家人。这样做的结果是怎样的呢？在他孙子汉景帝的时候，发生了"七国之乱"，差点

七 西汉王朝 天下与大汉

导致国家覆亡。所以,后代发现这种郡县和封国并存的方式也不好,就很少再采用分封制度了,所有朝代都采用对郡县直接管理的方式,少数分封也只是名义上的,受封者并不会得到土地的管理权。

多年的战争,导致天下的百姓流离失所、家破人亡。汉高祖采取了道家"无为而治"的方法,不再像秦朝那样对百姓采取法家的高压政策,而是更宽松地对待百姓,让人民可以休养生息,安定地生活。

在汉高祖、汉文帝、汉景帝治国的几十年中,这种政策使得国家变得富强起来了,这个阶段也被史学家称为"文景之治"。

汉景帝时期发生了诸侯国反叛的"七国之乱",但后来周亚夫平定了叛乱,没有造成很大的动荡。这个时期还出现了很多人物,他们的故事脍炙人口,比如担当第二谋士的陈平,比如周亚夫的细柳营,等等。你还可以比较周勃和周亚夫这两位将军,看看父亲和儿子的人生有什么异同。

西汉的又一个巅峰出现在汉高祖的曾孙汉武帝刘彻时期。当时汉朝的北边还有一个强大的游牧民族匈奴,汉高祖跟匈奴交战时,曾在白登之战中被匈奴人包围,差点儿兵败身亡。多年来,匈奴一直是汉朝最大的威胁,如何战胜他们,成了武帝时代最重要的命题。

匈奴是马背上的民族，他们擅长骑马射箭，风驰电掣，来去倏忽。相比汉朝以步兵为主的军队来说，匈奴有很大的优势，非常难以对付。在文景之治后，国家变得富强起来，武帝启用了卫青、霍去病等人，以全国的力量去抗击匈奴。经过几次大规模作战，匈奴人被赶到草原以北，汉朝领土也从长城向北延伸到了漠北。

对抗外侮，这是中国人自古以来的重要任务之一。汉武帝在打败匈奴方面的功劳也被史书所称道，后代经常评价他具有"雄才大略"。由于他的开疆拓土，人们也将他和秦始皇并列，称为"秦皇汉武"。武帝时代出现了许多英雄，比如射箭穿石的飞将军李广，比如统率六军、战无不胜的大将军卫青，比如"匈奴未灭，何以家为"的年轻将军霍去病，比如不远万里出使西域的张骞，比如深陷匈奴的悲情将领李陵，比如北海牧羊十九年的苏武，等等。在那个激情燃烧的豪迈年代，那些抗击匈奴的故事，至今让中国人热血沸腾。

武帝时期，还出现了一位伟大的史学家司马迁，他继承了父亲的事业，担任汉廷的太史公，为了"究天人之际，通古今之变"，他写就了皇皇巨著《史记》。《史记》雄浑深邃的思想、优美绝伦的文辞，被后人称为"史家之绝唱，无韵之《离骚》"。在古代，很多读书人不仅通读《史记》，甚至还能背诵其名篇。这本书，你一定要好好阅读。

我们观察事物，应该从多个角度去看。大多数情况

七 西汉王朝 天下与大汉

下,事情都有两面性——有好的方面,就有不好的方面。比如,可乐很好喝,却容易让人发胖,要看你从哪个角度去看待。汉武帝打败匈奴从阻止敌人入侵、开拓国家的疆土这个角度看,当然是好的。但长期的战争也付出了相当大的代价,不仅消耗了国家积累的财富,还导致了无数士兵的牺牲。另外,武帝好大喜功,发动了一些不必要的战争,给人民带来很多伤害,后来也有很多人批评他的这种行为是"穷兵黩武"。

汉武帝对后代的影响,不仅仅在于战胜匈奴、抵御外侮。还有一件事的影响力一点也不亚于他的武功。你一定还记得春秋战国时期涌现了很多思想家,产生了儒家、道家、法家、墨家、名家、阴阳家等学派,你也知道秦朝推行的是法家的思想,汉高祖施行的是道家的"无为而治"。到了汉武帝的时代,他听从学者董仲舒的意见,全面施行孔夫子的儒家思想,一边倒地"罢黜百家,独尊儒术"。儒家讨论的是如何让自己变得更有修养,如何把家庭关系搞好,如何更好地服务社会,如何更好地管理国家——通常大家把这些想法叫作"修身,齐家,治国,平天下",这是信奉儒家思想的人们共有的理念。

往后的两千年,中国在国家治理上便以儒家思想为行动准则,无数读书人都为实现儒家"致君尧舜"的理想而努力。当然,以儒家思想为准则,也有一定的负面作用,

为什么会这样呢？希望你通过阅读，自己去找寻答案。

晚年，汉武帝认识到了自己一些做法的问题，展开了认真的反思，改变了穷兵黩武的心态。后面的几十年，天下太平，国家重新变得繁荣，百姓的生活品质也得到了很大的提升，甚至还有很多匈奴人自愿归顺了汉朝。可以看出，自我反省是一种优秀的品质，《论语》中的名言"吾日三省吾身"，应该还萦绕在你的耳畔吧。

还有一位将军叫陈汤，他带领部队打败匈奴后，留下了一句名言："犯我强汉者，虽远必诛！"可见当年的大汉王朝是多么的威武强盛！虽然如此，汉朝跟匈奴还是经常和谈的，最常见的做法是派公主嫁给匈奴的单于。跟你记忆有关的，可能还有呼和浩特的昭君墓，嫁给匈奴单于的王昭君就生活在那个年代，她长眠在内蒙古草原上。还记得在一块石碑上吉鸿昌将军手书的"懦夫愧色"四个大字

七 西汉王朝 天下与大汉

汉宫秋图（局部）【宋·佚名】

吗？"媿"（读 kuì）就是"愧"，惭愧的意思，为什么要用女字旁呢，这不是一两句话就能说清楚的，发人深省！

再后来，汉朝就逐步衰退了。治理国家的官员逐步走向腐败，农民的土地被豪门大族兼并了。当民众的生活难以为继时，社会就开始动荡了，统治者束手无策，拿不出好的解决方案。这时，一位叫王莽的大臣出现了，他把汉平帝赶下台，建立了一个叫"新"的朝代——新朝，这个短命王朝历来没有得到后世的认可，短短十五年后就被农民起义军消灭了。

西汉是一个伟大的朝代，这个时期的中国是当时全世界发达的国家之一，与之媲美的是欧洲的古罗马帝国。西汉时期基本确立了中国的"模样"，国家的领土得到了保障，社会文化变得丰富多彩，百姓生活有了长足的进步——人民也就有了真正意义上的国家认同感和归属感。

"汉人"这个称谓就始于汉朝,并一直延用至今。全世界使用的纸,最早也是在西汉时期发明的。也许你还记得,我们在日本看到的木碗漆具,里面是红色的,外面是黑色的,那是我们汉朝的祖先流传下来的风采。更多关于西汉的色彩,建议你去各大博物馆找寻吧,一定会让你过目难忘!

七　西汉王朝　天下与大汉

小贴士

● 典故

明修栈道，暗度陈仓　声东击西　十面埋伏　四面楚歌　运筹帷幄之中，决胜千里之外　无为而治　萧规曹随　雄才大略　秦皇汉武　穷兵黩武　罢黜百家，独尊儒术　致君尧舜

● 追问

1. 刘邦为什么把出入汉中的五百里栈道烧了？
2. 为什么项羽失败了，后人仍视其为"大英雄"？

● 拓展

阅读西汉司马迁《史记》中的《留侯世家》《萧相国世家》《淮阴侯列传》，更深入地了解张良、萧何、韩信的生平事迹。

八 东汉王朝 存在与平凡

- 提要
- ○ 绿林赤眉起义
- ○ 昆阳之战
- ○ 定都洛阳
- ○ 匈奴降汉
- ○ 外戚和宦官弄权
- ○ 三公九卿制
- ○ 蔡伦改进造纸术
- ○ 班超与班固
- ○ 佛教传入中国

每一个朝代的演变，都像人一生的过程：从诞生，到强盛，再到衰退，最后走向死亡。西汉在高祖刘邦手上诞生，在武帝时代达到极盛，元帝以后走下坡路，最后王莽篡汉，一共存在了两百一十年。秦朝改变了夏、商、周延续两千年的国家管理方式，开启了一种全新的管理制度；汉朝延续了这种制度，实现了国家的长期统一。也许你知道西方的耶稣基督，西汉王朝灭亡的时候，耶稣还只是一个八岁的小朋友呢。

西汉虽然灭亡，但汉这个朝代却没有消亡。王莽篡位后，试图推行一系列新政，但并没有解决人民的困难，后来起来造反的人多了，出现了著名的绿林赤眉起义，绿林军驻扎于绿林山，赤眉军得名于义军将眉毛涂成红色。在各路起义军的轮番进攻下，十五年后，王莽的新朝就灭亡了。

由于推崇周朝的礼治，王莽在国家治理上做了很多大幅改革，开展了一系列复古运动。后代学者对王莽有不同的看法，很多人认为他是一个窃取汉朝、导致天下大乱的

八 东汉王朝 存在与平凡

奸臣；有一些人认为，他是一个具有理想主义的改革者；也有人认为，他的一系列做法照搬古书上的理论来治理国家，思想僵化，脱离了当时的实际情况，这便是孟子所说的"尽信书，则不如无书"了。想一想，既然这样，我们还需要读书吗？怎样做才能避免这样的问题出现呢？

有一个叫刘秀的人，他是汉高祖刘邦的后裔，也组建了一支起义军，目标是推翻王莽，恢复汉朝刘姓的天下。在著名的"昆阳之战"中，刘秀带领部队一举歼灭了王莽朝廷的主力大军，这是一场以少胜多的代表性战役。当然，战争是残酷的，许多生灵在数年的战争中丧失了生命。我们也要换个角度来看待战争，假如当时不进行战争，国家的动乱难以平息，那也许会造成更多人的死亡。

刘秀统一全国后，恢复国号为"汉"，把首都定在洛阳，因此人们把这个汉朝称为"东汉"，也把刘秀称为"光武帝"——以武力光复了汉朝的天下。光武帝让天下人休养生息，注重国家的建设，他的儿子和孙子继承皇位后也继承了他的一系列做法，因而四海升平，国家慢慢恢复了昔日西汉的荣光。

东汉没有西汉武帝那样雄才大略的皇帝，在中国历史上显得默默无闻，不过在它的鼎盛时期，国家的实力也是很强大的。还记得西汉时期跟匈奴作战的英雄们吗？比如"匈奴未灭，何以家为"的霍去病。东汉时代，在大将

历代帝王图(局部,刘秀)【唐·阎立本】

军窦宪等人的带领下,匈奴被彻底打败了。在北方的燕然山(今天的蒙古国杭爱山),汉军在石头上刻下了这个伟大的时刻,后来也把这个典故称为"勒石燕然"——把功绩刻在石头上,永久地保留下来。前些年,在蒙古国发现并确认了这个摩崖石刻。两千年快过去了,石头上的字依旧存在,足以证明当年汉军的强大。西汉霍去病"封狼居胥",东汉窦宪"勒石燕然",前后相互辉映,这是中国

八 东汉王朝 存在与平凡

历史上的著名典故。后世的许多诗歌中都引用了这两个典故，比如南宋伟大词人辛弃疾在《永遇乐·京口北固亭怀古》中写道："元嘉草草，封狼居胥，赢得仓皇北顾"，北宋伟大政治家范仲淹在《渔家傲·秋思》中写道："浊酒一杯家万里，燕然未勒归无计"，至今每每背诵起这样的诗词，都让人发出思古之幽情。千古以降，这些高光时刻一直浮现在我们的脑海中。

在那些战争中，几十万匈奴人投降了汉朝，他们的血液逐渐融入汉民族的血液中。还有一部分匈奴人逐步向西方迁移，有一种说法是匈奴人向西打到了欧洲，几百年后出现的著名的"上帝之鞭"阿提拉，据说就是匈奴人的后代。更有人认为现在欧洲的匈牙利人就是匈奴人的后裔——当然，这个说法不足为信，毕竟现在已经很难确认匈牙利人与匈奴人的DNA是否相同。至于什么是DNA，这个生物学术语就留给你自己去探究吧。

东汉后期，出现了一些严重的政治问题。最主要的问题在于东汉后期皇帝的年龄都很小，没有管理国家的能力，因此皇帝周围掌握权力的人分成了两派：一派是外戚，就是皇后的亲戚；另一派是宦官，就是皇宫里面服侍皇帝的阉人。这两派互相斗争，可他们为什么不能好好地一起管理国家呢？这个问题非常复杂，简单地说，每一派人都有自己的想法，相互斗争无非是为了掌控权力。谁掌握了主导权,谁就有话语权,就能按照自己的意志去发号施令,保证自己这一派的人获得更多的利益。

利益有很多种,权力是一种,金钱是一种,名声也是一种。古代有一句话说得好:"天下熙熙,皆为利来;天下攘攘,皆为利往",说的大约就是这个道理。追求显耀感,是全人类的共同点——但我们要一分为二地看待这个问题:一方面,追求显耀促进了人类不断进步;另一方面,追求显耀又容易使人变得贪婪。怎样去理解这件事,需要靠自己的智慧。

两派人互相斗争的结果,是国家在管理方面一塌糊涂,很多该做的事情没做,不该做的事情却做了一大堆。汉桓帝和汉灵帝的时候,国家整体走下坡路。后来发生黄巾起义,局面就不可收拾了。最后,东汉分裂成三国,在汉献帝手里,汉朝灭亡了。

我们读历史书,当然要了解祖先们的时代发生了什么事,更多的是要从他们那里获得经验和教训。《论语》里面说"礼之用,和为贵",说的是我们做人做事应该讲求合作、减少分歧,即使有不同的意见,也要想办法"求同存异"。

东汉要说的事也不多,咱们到这里可以聊聊古代的政治制度。既然说到政治,那当然要谈谈它的含义。如果去查一下政治的正规解释,含义相当复杂。简单点说,政治

八 东汉王朝 存在与平凡

谈的是怎样治理国家和社会。我个人对政治的理解比较有限，将来你可以看一看钱穆先生写的《中国历代政治得失》，其中有深刻的分析。

前面我们说秦朝开始就有皇帝了，他是国家的最高领导人——也就是说，这个国家的事情都由他说了算。因为他有至高无上的权力，如何治理国家就由他来决定。理论上讲，百姓能不能生活得好，社会是不是安定，国家能不能抵抗敌人，每一样都与他有关。皇帝有最高权力，那他是不是可以为所欲为呢？看上去是这样的。但你要知道，皇帝同样需要官员与百姓的支持，治理庞大的国家，必须要有各种人帮他做事，如果皇帝总是干坏事，必然会被人民反对。你也可以把皇帝当成古代最特殊的一种职业，皇帝只有认真工作，才能得到天下人的嘉许，历史书上才能夸奖他！

国家的各个方面有很多事情要管理，可以说是千头万绪，皇帝一个人是无法包揽的。汉朝时，国家最高层面的行政结构是"三公九卿"。朝廷（也就是现在说的政府）安排了三位官员，协助皇帝管理国家，这便是"三公"——丞相、太尉、御史大夫。

丞相，过去也叫司徒，他是政府的最高行政长官，负责管理全国的各种事务，比如国家粮食生产进行得怎么样，怎样为国家选拔人才，社会遇到灾荒怎么处理，等等。如果与现代社会相比较，丞相相当于现代中国的总理、日本的首相等。

太尉，过去也叫司马，战马是国家的重要资源，司马就是管理马匹的官，引申为管理军队，他是管理国家军事的最高官员，负责国家军队的组建、军队的训练，对外与敌国作战、对内平定叛乱，负责考核和监管部队里面的武官，等等。

御史大夫，过去也叫司空，主要负责监督，职责是让所有官员按要求办事。全国那么多官员，御史大夫就是在旁边监察他们的，谁违背了法律或者不认真做事，那就会被御史大夫弹劾，进一步被朝廷处罚。

"三公"向上对皇帝负责，他们也有助手，那就是被称为"九卿"的九位官员，类似于现代中国国务院的部长们。这九位官员分别叫奉常（太常）、郎中令、卫尉、太仆、廷尉、典客、大司农、宗正、少府。奉常负责管理各种礼仪，郎中令主要负责保卫宫殿，卫尉主要负责带兵守卫宫城的几个大门，太仆负责为朝廷养马和安排车马坐骑，廷尉是审判机构的最高管理者，典客主要负责与各国交往的外交事务，大司农负责管理国家的农业生产以及国家财政，宗正主要负责管理皇帝家族的秩序，少府主要为皇帝的生活、私财等各项事务提供服务。

试想一下，皇帝下面为什么要设司徒、司马、司空三种角色呢？为什么不直接由一个人来负责呢？假如没有御史大夫，国家会出现什么样的问题？是不是就缺少了监督？缺少了监督又会怎样呢？

上述的这些官员是中央的主要支柱，除此之外，还有很多管理具体事务的官员，我们就不一一介绍了。中央下面，就是地方了，国家分成很多郡（相当于现在的省），郡下面又分很多县，中央朝廷直接管辖各个郡的长官太守，每个郡的太守管理各个县。

东汉还有几件事值得聊一聊。一件是造纸。东汉的蔡伦等人改进了当时的造纸方法，使得这门技术变得更实用了。造纸术后来传到了世界各地，改变了人们的生活。今天我们要感谢汉朝祖先们的发明，让文化传播变得方便快捷——只有不断追求创新，我们才能改变世界，才能让人们的生活更加美好。

东汉还出现了一本著名的历史书《汉书》。这儿我们必须提一个人，那就是班超。投笔从戎，说的是班超本来在官府里面做抄写工作，但是他志向远大，觉得自己应当像西汉出使西域的张骞那样："大丈夫无它志略，犹当效傅介子、张骞立功异域，以取封侯，安能久事笔砚间乎？"大丈夫怎么能仅仅舞文弄墨呢？后来，他作为使者访问西域，平定了西域多个小国的叛乱，"不入虎穴，焉得虎子"这个典故，说的就是班超。他为国家安定、民族融合做出了很大的贡献，我们也可以说班超是那个时代的英雄之一。著名的《汉书》,就是班超的哥哥班固写成的,班固的妹妹班昭也在《汉书》中做了一些工作。

最后,世界三大宗教之一的佛教,也是在东汉的时候传入中国的,往后的一千多年,儒家、道家、佛家这三家的思想,对中国人的精神世界产生了巨大的影响。另外,中国的邻居日本,第一次出现在了中国的史书中,那时它还是个蛮荒小国,被东汉皇帝封为"汉倭奴国"。

东汉将近两百年的岁月,在中国历史上没有那么突出,甚至可以说是默默无闻的存在,然而这个平凡的朝代并非羸弱,相反,它一直很强大,甚至到东汉灭亡,其国力都堪称强盛——有一种说法:"国恒以弱灭,而汉独以强亡",讲的就是这种情况。西汉和东汉远去了,中国人的精神深处,依然向往那个元气淋漓的时代,今天我们读李白的《忆秦娥》,寥寥数语,便深刻地表现出人们对大汉的怀念:

乐游原上清秋节,咸阳古道音尘绝。音尘绝,西风残照,汉家陵阙!

八 东汉王朝 存在与平凡

▦ 小贴士

● **典故**

封狼居胥　勒石燕然　天下熙熙，皆为利来；天下攘攘，皆为利往　礼之用，和为贵　求同存异　不入虎穴，焉得虎子

● **追问**

1. 有人说王莽败于"照搬古书"，孟子说"尽信书，不如无书"，你怎么看待读书？
2. 如何理解战争是残酷的，但有时战争又是必要的？

● **拓展**

1. 朗读南宋爱国将领辛弃疾的《永遇乐·京口北固亭怀古》、北宋政治家范仲淹的《渔家傲·秋思》、唐代诗人李白的《忆秦娥·箫声咽》。
2. 阅读现代历史学家钱穆的《中国历代政治得失》，加深对古代人事、制度等方面的认识。

九 三国逐鹿 英雄与失败

● 提要

○ 黄巾起义
○ 曹操『挟天子以令诸侯』
○ 官渡之战
○ 赤壁之战
○ 魏、蜀、吴三足鼎立
○ 『历史三峡』说
○ 三国英雄谱

东汉末年,天下大乱。汉灵帝时期,外戚与宦官斗争不止,地方官员贪污腐败,再加上遇到大旱,农民们颗粒无收,爆发了黄巾起义。当时有个叫张角的人,自创了一个叫"太平道"的宗教,号称信仰它可以包治百病,吸引了很多百姓加入。百姓都渴望天下太平,张角利用这个心理,提出一个口号:"苍天已死,黄天当立,岁在甲子,天下大吉。"意思是在甲子年发动起义,可以让天下变得安宁。张角的几十万信徒在头上包上黄巾,发动起义,要推翻汉朝的统治。朝廷当然要平定叛乱,灵帝调动全国兵马跟黄巾军作战,经过近一年的战争,终于剿灭了黄巾军——毕竟,国家的军队是经过训练的,而起义军是仓促间组建的,两者在战斗力方面还是有一定的差距。

黄巾起义的甲子年,指的是公元184年。我们现在说公元多少年,其实根据的是西方纪年的方法,因此公元也被称为西元。说到这里,你自然会问,公元元年是什么时候?公元元年指的是耶稣基督诞生的那一年。从

九 三国逐鹿 英雄与失败

那一年往前的年份被称为公元前，简写为 B.C.（Before Christ），往后的年份是公元后，简写为 A.D.（拉丁文 Anno Domini 的缩写）。比如，秦朝建立的公元前 221 年，可以写作 221 B.C.，黄巾起义的那一年是公元 184 年，可以写作 184 A.D.。中国过去也有人提出使用黄帝纪年法，从黄帝诞生开始算起，现在已是第五千多年了，然而这个计算方法不精确，毕竟谁也不知道黄帝的准确诞生时间，后来就没有被采纳。当然，我们还是要接纳和融入世界主流，不能什么都弄一套自己的标准。

公元 184 年的这场起义，对东汉的打击非常大。虽然黄巾起义军被瓦解了，可是后续的各种小规模造反不断，朝廷也疲于应对。随后，汉灵帝给予各个地方的长官统兵权，目的是镇压不断出现的起义。然而，这就直接导致了地方上军事力量的壮大，大家就越来越忽视朝廷的号令——有了军权，就可以自己说了算，朝廷想去攻打地方也不一定能赢。地方割据逐渐形成，有个成语叫作"尾大不掉"，说的就是这个道理。想想春秋战国的情况，当时东周王室也没有力量号令各诸侯国，与这情形几乎是一样的。

灵帝驾崩后，汉少帝即位，宦官与外戚继续斗争。卖猪肉出身的外戚大将军何进被皇宫里的宦官们（十常侍）诛杀。西凉（今天的甘肃武威）的将军董卓，带兵到洛阳把宦官们诛杀了，于是朝廷被他掌控在手中。董卓为了展示自己的力量,把汉少帝赶下台,让他弟弟献帝做皇帝,把首都搬迁到长安,并且一把火烧了洛阳城(今河南洛阳东15公里处)。董卓非常凶残,杀人无数,官员们都非常痛恨他。司徒王允和将军吕布经过密谋策划,除掉了董卓。

螳螂捕蝉,黄雀在后。宦官杀何进,董卓杀宦官,王允杀董卓,然后呢?各种反应是连锁的,董卓的手下李傕(读jué)和郭汜(读sì)又带兵攻入长安,杀了王允。没多久,李傕和郭汜反目成仇,他们的部队互相厮杀,长安城变得混乱不堪。汉献帝无能为力,狼狈地从长安逃回东都洛阳。这个时期,各地方纷纷发展自己的势力,扩大自己的地盘,形成了几个比较大的军阀,主要有袁绍、袁术、曹操、孙坚、吕布、刘表、刘璋、张鲁、公孙瓒、刘备等人。天下群雄并起,逐鹿中原,到底鹿死谁手呢?

先是曹操把汉献帝从荒废的洛阳(被董卓烧掉的首都)接到许都,名义上是让朝廷稳定下来,实际打着"挟天子以令诸侯"的算盘——借皇帝的口发号施令,让各路诸侯都听他的话。诸侯们也不是傻瓜,没人听他的,互相之间的争斗并没有消停。在北边,袁绍打败了公孙瓒等人,黄河以北大部分土地都成了他的势力范围。在黄河以南,曹操打败了袁术、吕布、刘备等人,也占据了很大的地盘。两强相争,大战一触即发。

著名的官渡之战发生了。相对来说,袁绍的实力更强

九 三国逐鹿 英雄与失败

大。起初,由于兵力不及袁绍,曹操屡屡战败,大家都在官渡这个地方扎下营寨,两边的部队对垒相持。曹操一直在等待时机,直到袁绍的手下许攸逃至曹操军中,他告诉曹操,袁绍的粮草囤积在乌巢——这真是天赐良机,转折点终于到来了。曹操当机立断,派军队去乌巢,把袁绍的粮草烧得精光。没了粮草,士兵就没有饭吃,马匹也没了草料,袁绍的大军自然就作鸟兽散了。官渡之战是以少胜多的著名战役,曹操彻底打败袁绍后,逐步统一了北方。

在西部,还有汉朝宗室刘表盘踞在荆州(今天的湖北荆州),刘璋占据着益州(今天的四川一带)。刘备则如"丧家之犬",依附在刘表的地盘上。在东南,孙坚和孙策父子占据的地盘,被孙策的弟弟孙权继承下来。长江自西向东流,到了东部,变成了从西南向东北流淌,因此长江以东的江南地区又被称为"江东"。孙权的父兄开辟的江东基业,也被称为"东吴",凭借着长江天险,易守难攻。

曹操能容忍他们这样裂土封王吗?当然不能!

经过充分的准备,曹操率领号称80万的大军,浩浩荡荡,挥师南下。当时刘表已经去世了,他的小儿子刘琮(读cóng)成为荆州之主,胆小懦弱的刘琮主动向曹操投降。刘表的大儿子刘琦拒绝投降,他和刘备联合,继续抵抗曹操,并同江东孙权结成同盟。曹操的下一个目标自

历代帝王图（局部，曹丕、孙权、刘备、司马炎）【唐·阎立本】

然是消灭孙权。

　　面对强大的敌人，孙权选择战还是和呢？这是一个重要问题。最后，在周瑜等人的支持下，孙权展现出了巨大的勇气，选择和曹操决一胜负。在赤壁（今天的湖北咸宁赤壁）这个地方，孙权和刘备的联军使用火攻的方式，烧毁了曹操的大量战船和粮草。没了船和粮草，曹操狼狈地逃回北方。

　　赤壁之战成为"三足鼎立"之势形成的分水岭。此

九　三国逐鹿　英雄与失败

后，孙权和刘备瓜分了荆州，刘备一路向西，占领了刘璋的益州。至此，天下三分，北方是曹操的魏国，西南是刘备的蜀国，南方是孙权的东吴，魏、蜀、吴三足鼎立。

一代枭雄曹操去世后，他的儿子曹丕取代汉献帝，当上了魏国皇帝，这也标志着东汉的正式灭亡。随即刘备在蜀国称帝，建立了一个新的汉朝，史称"蜀汉"。孙权也成为东吴的皇帝。于是，全国就有了三个皇帝，分别割据一方。

往后的岁月，三国互相竞争，都想统一全国。蜀汉丞相诸葛亮多次北伐，希望光复汉室，终究没有成功。东吴和魏国在长江以北互相拉锯，谁也没有取得决定性胜利。甚至作为联盟的吴、蜀两国，也曾大打出手。在一段时间内，三国之间建立了某种平衡。

三国中，实力最强的是魏国。曹丕去世后，他的后代逐步失去了权柄，魏国被司马懿所掌控。司马懿去世后，他的儿子司马师和司马昭继续控制魏国，在消灭了蜀汉后，司马昭的儿子司马炎接替父亲掌管魏国，建立了晋朝，魏国也就灭亡了。最后，"王濬（读 jùn）楼船下益州，金陵王气黯然收"，东吴也灭亡了。至此，天下归晋，三国重归统一。

三国历史的前因后果大约就是上述这些了。历史学家唐德刚有一个"历史三峡"说，把历史比作长江，历史之河总会遇到惊涛骇浪的三峡，但只要过了三峡，就会一帆风顺。三国时代，也可以说是中国历史中的一座三峡，波涛浪花非常多，故事也十分精彩。

中国人最喜爱的历史时期就是三国了，它的精彩是中国历史上少有的。精彩到什么程度呢？几乎每个中国人都对三国故事耳熟能详，对三国人物如数家珍。不仅如此，东亚的日本、韩国人和东南亚的越南人一样喜爱三国这段历史，日本人对三国历史可谓达到了痴迷的程度，据说每

九　三国逐鹿　英雄与失败

个日本人都熟知三国的英雄人物，他们甚至把千年后织田信长、丰成秀吉、德川家康等人所在的日本"战国时代"与中国的三国相比。

三国时代的存在，给我们构建了一个无比巨大的想象空间，有关三国故事的文史作品多如牛毛。每个中国人都会阅读元末明初罗贯中写的《三国演义》，英雄人物们被他写得栩栩如生，各种斗智斗勇在他的笔下精彩纷呈。作为中国人，你当然要读这本书，而且要多读几遍才行。

当然，《三国演义》是一本小说，有许多虚构的故事。如果希望了解真实的三国，应当读晋朝人陈寿写的史书《三国志》。现代也有很多关于三国的书籍，比如历史学家吕思勉的《三国史话》、黎东方先生写的《细说三国》，还有当代学者易中天的《品三国》、日本人吉川英治改写的《三国志》，等等。（说到易中天，我要多推荐一本他写的书《费城风云》，以后你一定要认真读一下，了解大洋彼岸的人们是如何思考问题的。）

三国的人物，我们先从吕布聊起吧，古人不仅有姓有名，还有字。吕布字奉先，可以说是三国时代最英勇的将军了。他原先是丁原的部将，然而被人唆使，杀了丁原；随后跟随董卓，又被王允设计，杀了董卓；再后追随袁绍，又叛袁绍；投靠刘备，又叛刘备；最后被曹操所擒，绞死在白门楼上。使用长矛（又说方天画戟）的吕布，论单打独斗，三国的英雄们几乎都不是他的对手，《三国志》中有"马中赤兔，人中吕布"的说法。吕布空有一身武力，却有勇无谋，为人反复无常，所以张飞骂他"三姓家奴"，他败在缺乏信义，应了孔夫子的话"人而无信，不知其可也"。中国历史上，吕布经常被拿来跟"力能扛鼎"的项羽相比，两人都具有绝世的武力，最后却都以悲剧收场。然而，项羽虽然刚愎自用，但人品还不错，尚且知道愧对江东父老，"不肯过江东"，不失为千古大英雄。反观吕布却因为反复无常，不懂得"谋定而后动"，不仅兵败身亡，还为世人所不齿。

再说曹操曹孟德。他年轻时面对天下大乱的形势，本想做一个好官员，等天下安定后，回到家乡盖个学堂，秋夏读书，冬春打猎，有一块自己的土地，直至人生终老。可惜天下汹汹，曹孟德改变了志向，认为要尽自己的努力，讨贼立功，安定大汉，等老死之后，墓碑上可以写上"汉故征西将军曹侯之墓"。在东征西讨、南征北战的岁月中，他平定了北方，让北方的人民在乱世中得到了安定。后来当上丞相，也并非他当初所意料的。当别人骂他想篡夺汉朝的天下时，他自己辩解道："设使国家无有孤，不知当几人称帝，几人称王！"——如果没有他，天下不知道还要乱多久。这些，你都可以在他大气磅礴的文章《让县自明本志令》中读到。从他的文章中我们看到

九 三国逐鹿 英雄与失败

了"天下兴亡，匹夫有责""以天下为己任"的精神。历史上很多人称他为枭雄，也有很多人认为他是英雄。曹操还是一个豪迈的文学家，赤壁大战前，大军旌旗蔽日，曹操作《短歌行》，吟"对酒当歌，人生几何"，苏轼后来在《赤壁赋》中赞曹操"酾酒临江，横槊赋诗，固一世之雄也"。大概彼时曹操认为平定天下指日可待，没想到却中了黄盖的苦肉计，水军覆没，败走华容道，差点连命都丢了，这是他人生中遇到的最大失败，统一天下的愿望也就此落空。今后你读曹操的诗歌时应想起这段历史，虽然曹操没能完成统一天下的伟业，但他诗歌中吐露的英雄气概，仍足以激荡起人们奋进的力量。

再说刘备刘玄德。他少年时家境贫寒，只能跟家里人一起织席贩履，靠做些小生意谋生。刘备这个人喜怒不形于色，最大的本领是结交朋友，青年时代就得到很多人的帮助，关羽、张飞等人紧随他走南闯北。因为实力不够，他在各种战斗中屡战屡败，几乎没有立身之地。但是，面对一次又一次的失败，刘备没有屈服，他坚持不懈地寻找机会。赤壁大战之后，他在诸葛亮等人的帮助下，成功地占领了西川并建立了蜀汉政权。在后期与东吴作战的过程中，刘备的军队被陆逊的东吴军队火烧连营，最后他在白帝城遗憾地托孤给诸葛亮。这是一个百折不挠的英雄，令人感慨万千！

关羽和张飞是三国历史上著名的武将。关羽关云长在

关羽像【明·丁元公】

剑气凌云,实日虎臣。勇加一国,敌号万人。东吴赴会,单刀往还。足摇地轴,手撼天关

九 三国逐鹿 英雄与失败

长年的征战岁月中，斩颜良，诛文丑，降于禁，杀庞德。因为他的忠义，后世称他为"武圣"，后世无数的关公雕像中，他绿袍长髯，或是手握青龙偃月刀，或是捧读《春秋》。张飞张翼德在历史上是一介武夫的形象，《三国演义》中说他"身长八尺，豹头环眼，燕颔虎须，声若巨雷，势如奔马"，手握丈八蛇矛，一声喝断当阳桥。这样一位能够义释严颜、大败张郃（读"hé"）、立下无数战功的将领，最后却被两名部下割掉首级，命归黄泉。有趣的是，张飞居然成为后世很多屠夫的祖师爷，可能是他善于杀敌砍头吧（相传有剃头铺子的对联为"问天下头颅几许？看老夫手段如何"）。陈寿的《三国志》里说"关羽、张飞皆称万人之敌，为世虎臣"，然而"羽刚而自矜，飞暴而无恩，以短取败，理数之常也"，关羽对士卒很好，却恃才傲物，眼中看不到别人的长处；张飞爱敬君子，却不关心下属的感受。他们都是盖世英雄，却因为自身的缺点，导致了最后的败亡。

最后说诸葛亮，字孔明，他是中国古代智慧的化身。当年他在隆中的卧龙岗过着田园式的耕读生活，时而抱膝长吟，时而与众交游。但他的视野并不局限于乡村的一方天地，反而胸怀天下，对天下形势有一番自己的见解，被时人称为"卧龙先生"。刘备屡战屡败，听说孔明的才能，于是三顾茅庐，亲自请诸葛亮出山襄助。孔明被刘备的诚意打动，向他提出了著名的"隆中对"——"三分天下有其一"，这就等于为刘备画好了蓝图，展现了一个大战略家的视野，后来诸葛亮的对手司马懿都称他为"天下奇才"！关于诸葛亮，有各种典故和传说，《三国演义》中作了出神入化的描写。我们读诸葛亮写的《出师表》《前出师表》，就能体会到他"鞠躬尽瘁，死而后已"的精神，后代的许多志士仁人，每每读起这篇文章，总是热泪盈眶。你可以看到宋代的大英雄岳飞，他曾经手书诸葛亮此文，"挥涕走笔"，气势雄壮，表达他收复大好河山的志向。诸葛亮也失败过，他六出祁山攻打魏国，却没有取得最后的胜利，在五丈原的秋风中遗憾地离开人世。后代有无数的诗歌赞美他，我们读"诗圣"杜甫写的"出师未捷身先死，长使英雄泪满襟"、陆游写的"出师一表真名世，千载谁堪伯仲间"等诗句，都不禁为这位失败的英雄而扼腕叹息。可以说，诸葛孔明是历代读书人的偶像，清朝收复新疆的左宗棠，也曾以"当代诸葛亮"自诩。那么，在乡村读书的诸葛亮，为什么能有这样的才华呢？我们不得而知，但主要原因不外乎以下三个方面：第一，诸葛亮本人确实非常聪明，天资卓越；第二，他善于学习，能从古代军事家、战略家的故事中获得经验教训；第三，最重要的是他热爱思考，对一个问题能做到深思熟虑。

三国是一个英雄辈出的时代，还有很多人物，比如

出师一表真名世,
千载谁堪伯仲间。

诸葛亮像【元·赵孟頫】

"羽扇纶巾，谈笑间，樯橹灰飞烟灭"的周瑜，比如"亲射虎，看孙郎"的孙权，比如"白衣渡江"的"国士"吕蒙，比如大战长坂坡的白袍将军赵子龙，等等。无数的故事，在静静地等待你，等你去打开书本，看看他们的精彩人生。

聊了这么多，你会发现，英雄们也都曾遭遇失败，没有哪位英雄的人生是一帆风顺的。在他们的经历中，有些将帅出师未捷，有些豪杰功败垂成——但你会发现，真正的英雄，不会因为一时的失败就放弃努力，也不会因为一时的失败就缴械投降，他们坦然面对眼前的失败、坚持不懈地奋进努力，这才是正面的、洒脱的人生！

说到这里，我又要推荐一本好书了，奥地利著名作家茨威格的《人类群星闪耀时》里面有一篇著名的文章，讲法国大英雄拿破仑在滑铁卢遭遇失败的事，打败他的是威灵顿将军。威灵顿跟拿破仑打了很久，屡战屡败，在他自己都快没有信心的时候，看到墙角的一个蜘蛛在风中结网，每次都失败，直到第七次结网才成功，他从这个蜘蛛中看到了自己，激发起奋进的力量，终于把拿破仑打败了。

人生当然会有成功的喜悦，也会遇到许多无奈和挫折，这时候，你对自己说一句"so what"，或者"whatever"，或许不是一件坏事。不要放弃，"但问耕耘，莫问收获"，这句话送给你，你可以去查一下，看看它是什么意思。

九　三国逐鹿　英雄与失败

小贴士

● 典故

尾大不掉　螳螂捕蝉，黄雀在后　逐鹿中原　挟天子以令诸侯　人而无信，不知其可　刚愎自用　谋定而后动　鞠躬尽瘁，死而后已　羽扇纶巾

● 追问

为什么既有人认为曹操是枭雄，又有人认为他是英雄？你认为呢？

● 拓展

1. 阅读三国诸葛亮的《出师表》，体会诸葛亮"鞠躬尽瘁，死而后已"的精神。
2. 阅读元末明初小说家罗贯中的《三国演义》，看英雄人物，感历史风云，领略书中的智谋智慧。
3. 了解更真实的三国，阅读西晋史学家陈寿的《三国志》、现代历史学家吕思勉的《三国史话》、现代历史学家黎东方的《细说三国》、当代学者易中天的《易中天品三国》，阅读日本人吉川英治改写的《三国志》。
4. 阅读奥地利作家茨威格的《人类群星闪耀时》，了解改变人类命运的人物，感受人类的精神力量。

十 东西两晋 混乱与分裂

- 提要
- ○ 高平陵事变
- ○ 天下归晋
- ○ 西晋后期的享乐之风
- ○ 竹林七贤，魏晋风流
- ○ 八王之乱
- ○ 五胡乱华
- ○ 淝水之战
- ○ 东晋十六国
- ○ 衣冠南渡
- ○ 东晋建都建康
- ○ 佛道思想盛行

滚滚长江东逝水，浪花淘尽英雄。随着魏、蜀、吴三国英雄们的离世，中国历史进入一个新的阶段。曹家建立的魏朝一共经历了五代皇帝，前两代皇帝曹丕和曹叡（读 ruì），当政没多久就去世了。到第三代皇帝曹芳时，魏朝的大权被司马家控制了，趁皇帝外出祭扫陵墓的时候，司马懿发动了著名的"高平陵事变"，带兵控制京都洛阳，曹家政权就落到了司马氏手中。

随后的十几年，司马懿的儿子司马昭指挥军队消灭了蜀国，司马昭的儿子司马炎逼迫魏朝末代皇帝禅位于他，晋朝就这样建立了。又十多年过去了，晋武帝司马炎派将军王濬率大船顺江而下，讨伐东吴，东吴也退出历史舞台。魏、蜀、吴争斗了几十年，谁也没有成功，最后天下归晋，英雄和传奇的时代就此落幕。让我们用两首诗再一起怀念一下三国时代吧。

唐朝诗人刘禹锡的《西塞山怀古》诗写道："王濬楼船下益州，金陵王气黯然收。千寻铁锁沉江底，一片降幡出

十 东西两晋 混乱与分裂

石头。人世几回伤往事，山形依旧枕寒流。今逢四海为家日，故垒萧萧芦荻秋。"它表达了一种"山河依旧，物是人非"的怀古之情。明代诗人杨慎的《临江仙》词写道："滚滚长江东逝水，浪花淘尽英雄。是非成败转头空。青山依旧在，几度夕阳红。白发渔樵江渚上，惯看秋月春风。一壶浊酒喜相逢。古今多少事，都付笑谈中。"古往今来的历史，如同长江之水滔滔不绝，每当我们把酒临风，笑谈古今天下大事时，都可以对人生产生更多的感悟。杨慎这首词写得太优美了，以至于电视剧《三国演义》都拿它作为主题曲的词，许多国人都可以将它倒背如流。

晋朝登上了历史的舞台，这个朝代又分为两个时期——西晋和东晋。公元266年，司马炎建立晋朝，并把首都定在洛阳，史称西晋。可惜好景不长，只维持了几十年，西晋就灭亡了。公元317年，司马氏的后代司马睿渡过长江，在建康（今天的南京）建立了东晋，北方沦陷后，晋朝只剩下半壁江山。

我们先看看西晋发生了哪些事。西晋这个朝代的奠基人是司马懿，接下来是他的儿子司马师和司马昭。当时魏国皇帝说："司马昭之心，路人皆知。"是说曹家的皇权旁落，司马家的人就等着篡夺皇位。直到司马昭的儿子司马炎按捺不住，把魏国皇帝赶下台。这个场景似曾相识，当年曹操的儿子曹丕也是这样逼迫汉献帝让位的，这多么

具有讽刺意味啊,篡夺者的后代也被别人篡夺了!后代学者非常鄙视晋朝的皇帝,认为他们是靠欺负"孤儿寡母"取得天下的,手段极其不光彩——以至于东晋有一位皇帝,认为他的家族取得天下的方式令自己蒙羞。

晋武帝司马炎可以说是个开明的皇帝。他重视国家生产,让百姓变得富足,社会也繁荣起来,晋朝初期是东汉末年以来最好的时光,社会相对稳定,史称"太康之治"。可是到了晋武帝后期,全社会上层人物却充满了享乐的欲望,比如《世说新语》所记与王恺斗富的石崇,比

十　东西两晋　混乱与分裂

竹林七贤图　【唐·孙位】

如每天吃饭要花一万钱的何曾。这些人的穷奢极侈，反映了当时社会的奢靡之风。在魏末晋初的时候，还有那么一群狂狷不羁的人，经常在竹林下饮酒纵歌、高谈阔论，鄙视司马家的虚伪，藐视朝廷的各种礼法，这群名士被称为"竹林七贤"，他们信奉老子和庄子的自然无为、希心玄远，追求个人的精神独立，这种生活态度与神韵被后世所津津乐道，也被称为"魏晋风度"。

晋武帝去世后，他的儿子晋惠帝司马衷即位，国家开始动荡。惠帝被称为"白痴皇帝"，有一年天下闹饥荒，老百姓食不果腹，很多人被饿死了，晋惠帝听说后就问大臣："何不食肉糜？"——为什么不吃肉呢？皇帝昏庸成这样，国家自然就很悲剧。很快，晋朝出现了"八王之乱"。

也许你还记得，汉朝曾出现过"七国之乱"，原因是汉高祖分封了他老刘家的不少人为诸侯王，后来这些小国的王们就发动叛乱。晋武帝司马炎也犯了这个错误，他封了司马家许多人为诸侯王，这些人面对一个低能的惠帝，都想取而代之。参与斗争的八王分别是汝南王司马亮、楚王司马玮、赵王司马伦、齐王司马冏（读 jiǒng）、长沙王司马乂（读 yì）、成都王司马颖、河间王司马颙（读 yóng）、东海王司马越等，他们带兵打来打去，"你方唱罢我登场""城头变幻大王旗"。这么一打就是十多年，国无宁日。后来晋惠帝被毒死，其弟司马炽登上皇位，称晋怀帝；怀帝又被匈奴汉王刘聪俘虏，其侄司马邺，即晋愍（读 mǐn）帝登基；愍帝抵挡不住匈奴的进攻，投降后被杀，西晋就此亡国了。

他们都是司马家的人，为什么要你争我斗呢？这个问题很复杂，然而又很简单。归根到底是为了权力！权力是稀有资源，在古代，皇帝具有最高权力——所有人都要听从他的指示，数千万人的国家，只有一个人能当皇帝，皇权就是至高无上的权力，也就是最稀有的资源，

十 东西两晋 混乱与分裂

这使得皇权的竞争者极度痴狂,不惜一切代价去争夺。我们不要羡慕权力,权力让人疯狂,令人智昏,使人灭亡。晋惠帝是皇帝,最后被毒死了,是不是很悲惨?晋怀帝也是皇帝,最后也被毒死了,是不是很悲惨?直到近代,西方逐渐形成制约最高权力的政体,世界政体形式也更多样。

皇族内斗,百姓遭殃。"八王之乱"的结果是,百姓流离失所,饿殍(读 piǎo)遍野,路有白骨,人口数量急剧下降,社会经济严重倒退。西晋灭亡后,接踵而来的是"五胡乱华",北方陆续诞生了十六个国家。"五胡",主要是指当时北方的五个少数民族,包括匈奴、鲜卑、羯(读 jié)、氐(读 dī)、羌(读 qiāng),这些少数民族先后建立了很多个国家,主要有十六个,我们挑几个说一说。

汉朝跟匈奴打了很多年,一部分匈奴人向西迁移,另一部分人归顺了汉朝。三国的时候,归顺的这部分匈奴人继续向内迁移,跟汉族人逐渐混在一起生活。"八王之乱"的时候,匈奴人刘渊乘机壮大了自己的队伍,建立了一个新的政权,他自称是汉朝公主与匈奴人相结合的后代,因此把国号称为"汉",表明他继承了汉朝的衣钵。这个匈奴汉朝持续十多年后,也发生了内乱,刘渊的侄子刘曜(读 yào)平定了内乱,建立了一个新的国家赵,历史上称为"前赵"。有趣的是,刘曜的皇后叫羊献容,而这个羊献容当年曾是晋惠帝司马衷的皇后。

奇怪的是,刘曜的国家叫赵,同时期旁边还有一个政权也叫赵,在它旁边虎视眈眈,这个赵国是石勒建立的,历史上称它为"后赵"。石勒是羯族人,羯据说是匈奴的一个分支,这个民族后来消融在历史深处。石勒本是一个奴隶,但他志向远大,胆识过人,喜欢结交朋友,在乱世中竟也组建了一支羯族军队,最后消灭了前赵。这不禁令人想起当年陈胜、吴广的话:"王侯将相,宁有种乎!"石勒虽是奴隶出身,然而通过自己的努力,一样也能登上皇帝的宝座。石勒去世后,其子石弘继位,可政权完全掌握在石虎(石勒之侄)手中,不久之后,石虎篡位夺权。石虎是一个十足的暴君,他杀人如麻,甚至连自己的儿子和孙子都不肯放过。这样的统治者统领的国家自然是要灭亡的,否则天理难容。

鲜卑族随后登上历史的舞台,东北的慕容儁(读jùn)消灭了后赵,建立燕国(也被称为"前燕")。这个国家没坚持多久,就被西边来的氐族人苻坚所消灭。氐族和汉族一样,也是依靠农耕生存的,因而他们相对更接受汉族文化。苻坚建立的国家是秦国,历史上也称"前秦",前秦消灭了周边的各个小国,在北方实现了统一。苻坚能够统一北方,离不开王猛的出谋划策。当年苻坚与王猛一见如故，共同成就了一番大业。如果把苻坚比作刘备，那王猛就是诸葛亮。在任何时候，合作伙伴都是非常重要的！

苻坚的前秦短暂地统一了北方，王猛在去世前，建议他不要去攻打南方的东晋，但苻坚一心想统一天下，没有采纳王猛的意见。他认为自己的部队已经非常强大了，甚至可以"投鞭断流"了——意思是把马鞭子投到长江里，都可以阻断长江的水流。理想很丰满，但现实很残酷。前秦与东晋的军队在淝水（今天的合肥附近）交战，苻坚铩羽而归，著名的成语"风声鹤唳""草木皆兵"，说的都是这场战役。

"淝水之战"改变了历史的走向。随后前秦四分五裂，慕容家的慕容垂建立了后燕，慕容泓建立了西燕，羌族的将领姚苌（读 cháng）建立了后秦……一时间，整个北方小国林立。这种局面持续了半个世纪左右，最终鲜卑族的拓跋焘统一了华北，建立了北魏。南宋著名词人辛弃疾在他的《永遇乐·京口北固亭怀古》一词中，说到"佛狸祠下，一片神鸦社鼓"，这个"佛（读 bì）狸"就是北魏太武帝拓跋焘的小名。这首词写得很豪迈，建议你找出来读一读。

在北方战火连天的时候，南方则相对稳定很多。晋怀帝永嘉年间，北方有许多汉族人渡过长江，南下移居到江南。黄河一带的中原一直都代表着正统，经济也比南方发达很多。随着许多汉族人拖家带口避难到南方，古代中国第一次出现了人口大迁移，历史上也把这次迁移称为"衣冠南渡"，它标志着中原文明向长江以南转移，江南的经济和文化都得到了很大的发展。直到今天，江南还是中国最繁华的地区。

西晋灭亡后，司马睿重建了晋朝，因为新首都建康在旧都洛阳的东方，因此这个朝代也被称为"东晋"。偏安于江南的东晋，又持续了一百年左右的时间。长江是中国的第一大河，它把中国一分为二，北方的骑兵和步兵很难越过长江，南方的部队也很难打到北方去。因此在古代，每当中原沦陷，北方的统治者们首先想到的，就是逃到江南去。

东晋时期，国家的政治与经济命脉都掌握在各豪门大族（门阀）手上，司马睿能安定江南，离不开这些门阀的支持。其中，势力最大的是来自琅邪（今天的山东临沂一带）的王氏家族，王敦和王导兄弟主导了当时的政局。据《晋书·王敦传》记载，当时有"王与马，共天下"的说法。

东晋多次向北方进攻（北伐），期望光复中原的失地，可惜每每功败垂成。祖逖（读 tì）是东晋时一位有作为的将领，年轻时抱负远大，希望建功立业、复兴晋国。

十 东西两晋 混乱与分裂

"闻鸡起舞"这个成语说的就是他的故事,他和好友刘琨半夜听到鸡叫声,就起床练剑起舞,刻苦学习,他们二人相互勉励,奋勇争先。祖逖说:"如果天下大乱,豪杰并起,你我二人应在中原干出一番事业。"刘琨则说:"我枕戈待旦,志枭逆虏,常担心祖逖先我着鞭。"他们都成了国家的栋梁之才。祖逖成为将领后开始北伐,在长江中,望着滚滚的江水,他想起破碎的河山、涂炭的生灵,不禁悲从中来,敲打着船楫,大声喝道:"祖逖不能清中原而复济者,有如大江。"——如果不能收复中原,就让我像这江水一去不复返。他带领军队奋勇杀敌,收复了黄河以南的大片土地,后赵的石勒也不敢南下与他争雄。可惜当时的东晋朝廷内部还在争权夺利,皇帝进而猜忌他,面对这种局面,祖逖忧愤不已,他去世后,北伐大业也就失败了。

后来的将领桓温,同样希望"克复神州"。在收复蜀地之后,他主导了三次北伐,曾一度收复了昔日的京都洛阳,但北伐最终还是失败了。据《世说新语》记载,当年桓温北伐,路过金城,看到自己当年栽下的柳树,已经有十围那么粗,不禁黯然涕下:"木犹如此,人何以堪!"——树木都长这么粗了,人还没有取得多少成就,感慨岁月无情催人老。反过来也可以说,年少时就应该发奋努力,等老了一事无成,只能徒生伤悲——"少壮不努力,老大徒伤悲。"桓温晚年野心膨胀,《资治通鉴》里记载,桓温曾对人道:"男子不能流芳百世,亦当遗臭万年。"这句话从字面上看好像是说"要么做个极好的人,要么就做极坏的人",但是,我们不能从字面上做这种错误的理解,他这句话其实只是要说明自己只想干大事,一定要在青史上留名。

桓温之后,辅佐皇帝的是谢安。谢安主要的成就是"淝水之战",指挥几万人马打败了号称百万大军的前秦。这场以少胜多的战役,巩固了东晋的政权。苻坚在北方统一起来的前秦国,也随之土崩瓦解,北方的各种势力再难觊觎南方的土地。据说淝水之战临近之时,大家都很紧张,只有谢安胸有成竹,每天照样下棋弹琴,淝水之战胜利的消息传来时,他也没有狂喜,照样不误下棋——这展现了一个领导人的从容、沉着与冷静,恰如苏洵《心术》中说的"泰山崩于前而色不变",据《南齐书》载,王俭常说:"江左风流宰相,唯有谢安。"诗仙李白也在《永王东巡歌》中写道:"三川北虏乱如麻,四海南奔似永嘉。但用东山谢安石,为君谈笑静胡沙。"没错,谢安给人留下的印象就是"谈笑静胡沙"。另外,你背诵的《乌衣巷》中提到"旧时王谢堂前燕,飞入寻常百姓家",其中的"王谢"就是指那时候的王导和谢安家族。

十多年后,东晋的掌权者变成了刘裕,据说他是汉高祖刘邦之弟的后人，年轻时家境贫寒，参军后凭借奋勇拼搏，逐步取得了军权。此人雄才大略，不仅帮助东晋平定了国内叛乱，还消灭了北方的南燕、后秦等政权，收复了北方的大片领土，也曾光复昔日的都城长安和洛阳。由于他总揽了国家的军政大权，最后竟取代东晋皇帝，建立了宋国，历史上称为"刘宋"。到这里，晋朝就彻底谢幕了。

晋朝大体上是一个混乱的朝代，正是这种状况，使人们非常期待拥有一片乐土，于是道家和佛家思想就很盛行——改变不了社会现状，那就在内心营造一个世外桃源。从东晋著名文学家陶渊明的《桃花源记》这篇文章中，你就能体会到"不知有汉，无论魏晋"的那种避世想法。晋朝出现了中国最伟大的书法家王羲之，他用毛笔所写的《兰亭集序》，因为优美绝伦，被后人誉为"天下第一行书"——为什么大家这么认为呢？这就涉及对美学的认知与体验了。晋朝许多人物的故事，在《世说新语》这本书中都有记载，每当我翻开它，都能从中领略到那个时代人物的风流气度。

看了东晋和西晋的历史梗概，你觉得导致晋朝大乱的根源是什么？如果你是晋朝的领导者，你觉得应该采取什么手段，才能避免大厦将倾？你读过晋朝哪些诗人的诗歌呢？陶渊明的诗歌为什么写得好，好在哪里呢？这些问题，值得你思考一番。

於所遇暫得於己快然自足不
知老之將至及其所之既惓情
隨事遷感慨係之矣向之所
欣俛仰之間以為陳迹猶不
能不以之興懷況脩短隨化終
期於盡古人云死生亦大矣豈
不痛哉每攬昔人興感之由
若合一契未嘗不臨文嗟悼不
能喻之於懷固知一死生為虛
誕齊彭殤為妄作後之視今
亦由今之視昔悲夫故列
敘時人錄其所述雖世殊事
異所以興懷其致一也後之攬
者亦將有感於斯文

永和九年,岁在癸丑,暮春之初,会于会稽山阴之兰亭,修禊事也。群贤毕至,少长咸集。此地有崇山峻岭,茂林修竹;又有清流激湍,映带左右,引以为流觞曲水,列坐其次。虽无丝竹管弦之盛,一觞一咏,亦足以畅叙幽情。是日也,天朗气清,惠风和畅,仰观宇宙之大,俯察品类之盛,所以游目骋怀,足以极视听之娱,信可乐也。夫人之相与,俯仰一世,或取诸怀抱,悟言一室之内,

兰亭集序 【东晋·王羲之】

桃花源图 【清·黄慎】

十 东西两晋 混乱与分裂

小贴士

● 典故

司马昭之心，路人皆知 魏晋风流 何不食肉糜 投鞭断流 风声鹤唳 草木皆兵 枕戈待旦 闻鸡起舞 中流击水

● 追问

汉朝有"七国之乱"，西晋有"八王之乱"，相似的历史事件为什么会重复出现呢？

● 拓展

1. 朗读唐代诗人刘禹锡的《西塞山怀古》《乌衣巷》、明朝文学家杨慎的《临江仙》。
2. 阅读东晋文学家陶渊明的《桃花源记》，体会分裂时期文人墨客对美好社会的追求与向往。
3. 阅读南朝宋文学家刘义庆的《世说新语》，了解东晋时期名士的言行与轶事，感受时代人物的风流气度。
4. 观看东晋书法家王羲之的《兰亭集序》，感受"天下第一行书"的挥洒豪迈。

十一 南北朝代 内乱与兴替

- 提要
- ○ 大分裂时期
- ○ 南方四朝，北方五朝
- ○ 刘宋「元嘉之治」
- ○ 南齐「永明之治」
- ○ 萧梁「台城之祸」
- ○ 南陈「亡国之音」
- ○ 第一次南北朝战争
- ○ 北魏的汉化
- ○ 杨坚统一南北

历史是一代又一代人的故事，上一代逐渐谢幕，下一代慢慢崛起。我们知道晋朝整体上是个窝囊的朝代，晋朝取得天下统治权的方式也不太光彩，所以有人会想，你们司马家能从曹家抢皇位，我们就不能抢你的吗？这正合了大文豪鲁迅先生在《阿Q正传》里面写的："和尚动得，我动不得？"在这种心理的作用下，晋朝注定长久不了，后世崛起的朝代或多或少都效仿司马家的作为。

前面我们聊到，晋朝"衣冠南渡"后又坚持了近一个世纪，最后被刘裕所消灭，他兴建了宋（通常称"刘宋"或"南朝宋"，以区别后世的赵宋王朝），这时已经到公元420年了。一般以这个时间为起始标志，中国的南北进入大分裂时期，后面持续了一百七十年的时代就是著名的南北朝。

南方先后出现的宋、齐、梁、陈四个朝代，统称"南朝"；北方出现的北魏、东魏、西魏、北齐、北周五个朝代，统称"北朝"。南北双方互相之间战争不断。南北朝产生了许许多多的帝王将相,也发生了数不清的故事。这个分裂时代看起来如同一团乱麻,让我们先把南北朝的脉络理理清楚。先看南朝的四个朝代,然后再看北朝的五个朝代。

南朝的宋、齐、梁、陈,都定都在建康(今天的南京)。西晋末,刘裕战功显赫,先后收复了晋朝的许多失地,也平定了不少叛乱。当他的势力形成后,便把晋恭帝赶下台,自己登上皇位,建立了宋朝。宋武帝刘裕崛起于寒微,对民间疾苦相当了解,他开国后制定了各种休养生息的政策,使南方地区得以稳定下来。但他对司马氏毫不客气,几乎赶尽杀绝——这种狠毒的做法,后来遭到了同等回报,等刘宋灭亡时,他的子孙也被消灭殆尽。宋武帝死后,他儿子刘义符继位,这个皇帝荒废朝政,被大臣们褫夺了皇位,改立刘义符的弟弟刘义隆为帝,是为宋文帝。文帝在治理国家方面做得不错,这段时期也被后代称赞为"元嘉之治"。不过在与北魏的战争中,文帝没有取得胜利,南宋著名词人辛弃疾《永遇乐·京口北固亭怀古》里的"元嘉草草,封狼居胥,赢得仓皇北顾"说的就是他,他憧憬着霍去病打败匈奴那样的成就,然而事与愿违,北伐潦草收场。刘义隆最后的人生是一场悲剧,他被太子杀害。后来,刘宋皇族同室操戈,为权力你争我斗,这种情况与西晋宗室的内斗如出一辙。刘宋最后被萧道成的南齐所取代,这个朝代仅持续了五十九年。为什么不吸取前人的教训呢?这真是个难题!

萧道成据说是"汉初三杰"萧何的后裔,本来在刘宋做官,以作战打仗的功劳得到提拔,一路晋升成为大权在握的大将军。取代刘宋后,他建立了齐朝(又称"南齐",以区分北朝的北齐),史称"齐高帝"。据说刘宋最后一个皇帝宋顺帝被迫让位时,发誓道:"愿身不复生王家。"——世人不是都想做皇帝吗?可这位末代皇帝临死前才发现,还是做个普通人开心。萧道成死后,齐武帝萧赜(读 zé)继承皇位,武帝治国安邦的能力不错,清查土地,发展教育,社会歌舞升平,这段时期也被称为"永明之治"。但他死后的南齐很快崩塌了,没几年就被萧衍的梁朝所取代,南齐这个短命王朝仅存在了二十三年。萧道成的南齐,几乎就是刘宋的翻版。萧道成跟刘裕的经历非常相似,都是以军功掌握国家大权,推翻前朝,建立政权;刘裕做了三年的皇帝,萧道成做了四年;刘裕的儿子刘义隆有"元嘉之治",萧道成的儿子萧赜有"永明之治";刘义隆的后代一塌糊涂,萧赜的后代昏聩无能。有个著名的典故"步步生莲花",说的就是南齐东昏侯萧宝卷的荒唐事。

推翻南齐的是萧衍。当南齐的萧宝卷因昏庸无道而

十一 南北朝代 内乱与兴替

失去民心时,萧衍从襄阳起兵,经过两年战争,消灭了南齐,建立了南朝梁。据说萧衍也是汉初名相萧何的后代,后世称他"梁武帝"。梁武帝在位近五十年,社会相对繁荣稳定,但他迷恋佛教到了走火入魔的地步。每个人都有自己的主业,也都会有点个人爱好,但主次颠倒就麻烦了。萧衍的主要工作职责应该是做好皇帝,把主要精力放在治理国家方面,而他却沉迷于佛教,甚至动不动就出家做和尚——国家当然就没办法治理好了!萧衍的结局非常悲惨,他被叛将侯景关在台城,活活饿死了,这个"台城之祸"是他咎由自取的结果。唐朝著名诗人杜牧的《江南春》中写道:"南朝四百八十寺,多少楼台烟雨中。"反映了南朝皇帝喜爱佛教,其中以梁武帝萧衍为最。想一想,人为什么不能沉迷于自己的爱好?会产生什么样的后果?

侯景的叛变导致南朝大乱,直到数年后,有两位将军王僧辩和陈霸先打败侯景,梁朝才得以稍作喘息。可惜好景不长,在北朝西魏的压迫下,在王僧辩与陈霸先的内斗中,梁朝也垮台了。陈霸先控制了军政大权,在陆续平定了南方各部势力后,推翻梁朝而建立了陈朝,历史上也称他"陈武帝"。陈朝也是中国历史上唯一的以皇帝姓氏作国号的朝代。值得称道的是,陈霸先不喜欢声色犬马,生活非常节俭,这个优点是很多古代帝王所缺乏的。武帝的侄子文帝陈蒨（读 qiàn）、宣帝陈顼（读 xū）也很不错，陈朝国土面积虽然比前几朝要小，但总体经济文化都发展得不错。陈朝最后亡在陈后主陈叔宝手上，这位后主沉迷于音乐、诗歌，终日花天酒地，陈朝最后被隋文帝杨坚所灭——看来叫后主的帝王都不怎么样。唐朝诗人杜牧在《泊秦淮》中写道："烟笼寒水月笼沙，夜泊秦淮近酒家。商女不知亡国恨，隔江犹唱《后庭花》。"这里面的"后庭花"，说的是当隋朝大军兵临城下之际，陈叔宝还在宫中演奏乐曲《玉树后庭花》，怎能不亡国？这"后庭花"后来也就成了亡国之音，再也没有人演奏了。

在南朝各国更新换代的同时，北方也在不断上演国家的兴替更迭。"五胡乱华"后，北方少数民族陆续建立了十多个小国家，也称"五胡十六国"。其后，鲜卑一家独大，在北方陆续建立了北魏、东魏、西魏、北齐、北周五个国家，东魏和西魏由北魏分裂而成，东魏被北齐所取代，西魏则被北周所取代，最后北周消灭了北齐。咱们来分别聊聊这五个北朝政权。

先是鲜卑的拓跋氏建立了北魏，国家存在了一百年左右。大约在"淝水之战"后，五胡十六国中的代国在君主拓跋什翼犍（读 jiān）的带领下发展壮大，他的孙子拓跋珪（读 guī）消灭了北方的一些草原游牧部落，并

十一 南北朝代 内乱与兴替

在参合陂(读 bēi)等战役中,击败了后燕国与后秦国(参合陂很有名,金庸小说《天龙八部》中的慕容家在参合陂失败后,逃到姑苏燕子坞,念念不忘复国大业)。拓跋珪随后建立了北魏,首都定在平城(今天的山西大同)。道武帝拓跋珪去世后,其子拓跋嗣继承皇位,发动了与南朝刘宋的战争,占领了大片土地,这也是南北朝的第一次战争。

明元帝拓跋嗣死后,他儿子拓跋焘继位,拓跋焘就是北魏著名的太武帝,这位皇帝颇有雄才大略,在武功上取得了很大的成绩。"可堪回首,佛狸祠下,一片神鸦社鼓","佛狸"就是拓跋焘的小名。刘宋败给北魏,是因为刘宋杀了自家的大将檀道济,以致北魏不费力气就打到长江北岸。"自毁长城"这个典故说的就是檀道济被杀。成语"饮马长江",说的则是拓跋焘将国境扩充到长江边。在那里他修了佛狸祠(在今天的南京六合),用来炫耀自己的功绩。

拓跋焘之后又传了几代,到孝文帝拓跋宏登基,北魏进入了黄金时期,政治上出现了重大变化。北魏是由少数民族鲜卑建立的国家,统治阶层主要是鲜卑族,但大部分民众仍是汉族。秦汉以来,北方从陕西到河南的大片土地,一直都是汉文化的中心区域。少数民族统治者武力虽然强大,但在文化方面相对落后,在汉人眼中他们都是胡

北齐校书图 【北齐·杨子华】

人。孝文帝拓跋宏倾慕汉文化，他将首都从平城迁到洛阳，禁止胡服和胡语，促进胡汉通婚，朝廷也采用各种汉制度，甚至将"拓跋"这个姓氏改成了"元"姓。全面的汉化，使北魏接纳了先进的汉文化和政治制度，并逐步融合到了汉族之中。在中国的历史上，少数民族取得政权后都会发生不同程度的汉化，这也反复证明了古代汉文化强大的生命力。

公元499年孝文帝去世后，北魏的国力开始走下坡路。大约三十年后，北魏分裂成东魏和西魏，随后分别被高洋的北齐和宇文泰的北周所取代。有趣的是，北齐统治者是鲜卑化的汉人，政治上采取鲜卑的做法；北周统治者则是汉化的鲜卑人，采取的是儒家的治国政策。再二十年后，北周消灭了北齐；几年后，北周也被隋文帝杨坚消灭了。随着南陈的灭亡，南北朝的大分裂最终被杨坚统一了。

从西晋的"永嘉之乱"，到杨坚统一南北，中国经历了将近三百年的分裂时期，经过近三百年历史的惊涛骇浪，中国这艘大船又重新整装出发。随着南北朝民族与文化的不断融合，北方与南方在交融中也形成了不同的地域风格与魅力，这种多元化造就了后来的大唐盛世。

南北朝是一个不断流动变化的时代，文化的多元化可以从诗歌上反映出来。比如，大家都能背诵的《敕勒川》

十一　南北朝代　内乱与兴替

这首小诗:"敕勒川,阴山下。天似穹庐,笼盖四野。天苍苍,野茫茫。风吹草低见牛羊。"是北朝不知名诗人的作品,向人们展现了北方的辽阔与苍茫。当你读起《赠范晔》这首南朝的诗歌:"折花逢驿使,寄与陇头人。江南无所有,聊赠一枝春。"其清新秀丽,则展现了江南春色的旖旎风光。谢灵运和谢朓空灵的诗歌,给大诗人李白的逸兴遄飞带来了很多启发。庾信和鲍照深沉秀丽的诗文,又对大诗人杜甫产生了深刻影响。我还要再次向你推荐《世说新语》,要了解魏晋人物的风流,就要读刘义庆的这本笔记体小说,鲁迅在《古小说钩沉》中说它"记言则玄远冷隽,记行则高简瑰奇"。东晋至刘宋的陶渊明则是另一座高峰,他是隐逸与田园文学的鼻祖,告诉你退一步如何认识世界、体验人生,这对中国人精神世界的塑造,无疑是非常重要的。这些,都值得你去阅读,并在今后的人生中慢慢体会。

小贴士

● 典故

衣冠南渡　封狼居胥　步步生莲花　佛狸祠下　自毁长城　饮马长江

● 追问

1. 你知道"元"姓的来历吗？
2. 南北朝分裂了三百多年，这对后来的"大唐盛世"有什么影响？

● 拓展

朗读唐代诗人杜牧的《泊秦淮》、北朝诗人佚名的《敕勒川》、南朝宋诗人陆凯的《赠范晔》。

十二 光辉大唐 繁华与开放

- 提要
- 隋朝"开皇之治"
- 创立科举制度
- 开凿大运河
- 唐开国皇帝李渊
- 贞观之治
- 开元盛世
- 安史之乱,藩镇割据
- "诗仙"李白和"诗圣"杜甫
- 古都长安
- 黄巢之乱
- 五代十国

大分裂的南北朝时期结束后，杨坚建立隋朝并统一了中国，定都在长安。这个朝代非常短暂，只有短短的三十八年，主要帝王有隋文帝杨坚和隋炀帝杨广。杨坚是创业之君，深知创立这个国家的艰难，因此特别勤劳和节俭。他做皇帝期间，推出了很多利于社会繁荣的举措，全国也从战乱中逐步恢复稳定和生产，开始呈现崭新的局面，历史上把这个时期称为"开皇之治"。

隋文帝时代，有一件很重要的事情，对中国后来的一千多年产生了重要影响，那就是科举考试制度的创立。过去要当官，只能是豪门大族的子弟才有机会，而隋文帝创立的科举制度改变了这种局面，天下人都可以通过考试来进入仕途，从而为国家和社会服务，如汪洙《神童诗》云："朝为田舍郎，暮登天子堂。"这个社会阶梯的建立，可以说当时在全世界都是先进的。今天，我们通过考试来考核和选拔人才，这种选拔方式就是当年隋文帝最先创立的。

十二 光辉大唐 繁华与开放

好景不长,隋文帝艰苦创立的基业,在他儿子杨广手上断送得干干净净。隋文帝本来指定的接班人是他大儿子杨勇,可惜这位太子贪图享乐,表现出来的精神面貌远差于他的弟弟杨广,以至于他母亲独孤皇后后来也不支持他了。杨广取代杨勇当上太子后,他隐藏得很深的真实面貌也日渐暴露出来,过去那种温良恭俭让的形象原来都是故意装出来的,为讨父母欢以谋求太子之位,用今天的话说那都是他有意制造的"人设"。隋文帝发现这一切的时候,为时已晚。杨坚创立了一个辽阔的帝国,然而却在教育儿子方面彻底失败了。《三字经》说:"人之初,性本善。"可是在巨大的权力和利益诱惑面前,杨广的人性彻底发生了扭曲。

隋炀帝杨广即位之后,修建了新都城洛阳,号称"东都",随后开始开凿京杭大运河,这条运河完工后,从南方的杭州乘船可以直达今天的北京,这些浩大的工程消耗了大量的人力物力,民众为此苦不堪言,隋炀帝也曾数次乘船去江都(今天的扬州江都)看琼花。隋炀帝好大喜功,三次亲征讨伐东北的高句丽(当时少数民族建立的政权)都没能取得成功。大量的工程与征战消耗了帝国的元气,民不聊生的时候当然就会爆发起义,最后杨广在江都被部下勒死,隋朝也就灭亡了。历史对隋炀帝的评价极低,他本富有四海,却罔顾天下生灵,为一己私欲弄得民不聊生，民怨沸腾，是一个十足的昏君。也许只有他下令开挖的大运河还值得称道一下，它连接了中国南北的多座城市，至今还在发挥重要的作用。隋朝，总体上看是一个承前启后的朝代，随之而来的是灿烂辉煌的大唐。

公元618年，唐朝建立，它翻开了中国历史上最辉煌的一页。大唐的开国皇帝李渊曾是隋朝的大将，先后镇守陇右（今天甘肃陇山、六盘山以西，黄河以东一带）和山西太原，隋末烽烟四起，河北窦建德、洛阳王世充都是李渊的对手。由于陇西兵历来骁勇善战，加上李渊的儿子李世民等人指挥得当，几年征战后各方势力被消灭，大唐一统全国。我们先简单地了解一下这个朝代，然后再谈一些有趣的事。

唐朝持续了将近三百年的时间，唐高祖李渊是这个朝代的开创者，定都在长安。历史上唐高祖被他第二个儿子李世民的光芒所掩盖。唐太宗李世民开创了"贞观之治"，为唐朝的繁盛奠定了基础。李世民的继承者是唐高宗李治，他平庸无奇，但他的夫人武则天却成就了一段传奇。唐高宗去世后，武则天自己当上了皇帝，成为中国历史上唯一的女性皇帝。此后，武则天的孙子唐玄宗李隆基当上皇帝，也称"唐明皇"，他所在的时代成就了著名的"开元盛世"——大唐历史上最为辉煌灿烂的一个时期。唐玄宗后期国政逐步荒废,发生了持续八年之久的"安史之乱",国力由盛转衰。中央的权力被大幅削弱,地方的节度使(相当于军区司令)逐渐建立了藩镇,不服从朝廷的号令。后来,除了中间的宪宗和宣宗时代出现过短暂中兴,大唐国力每况愈下,最后灭亡于朱温之手。大唐共有21位皇帝,了解他们的姓名没多大意义,我们挑一些值得称道的事来聊聊。

唐太宗李世民是中国历史上很有作为的皇帝,他统治下的大唐帝国是当时全世界最强盛的国家。皇帝的言行会对国家和社会造成最直接的影响,因此判断一个帝王是否称职,要看他怎样对待大臣的劝谏。人们都喜欢听好听的话,而劝说的语言大多不好听,多数人都难以采纳别人刺耳的劝告。皇帝如果一意孤行,不肯听取大臣的意见,那他的决策很可能会造成严重后果。唐太宗的过人之处,就在于他能容得下逆耳的忠言,凡是对治理国家有益的言论,即便听起来非常刺耳,他也能很好地采纳。要做到这一点,其实非常困难。当时著名的大臣魏徵,经常当面指出唐太宗做得不对的地方,虽然太宗也经常生气,但每每虑及魏徵讲的话利国利民,便能平息怒火,从善如流。"良药苦口利于病,忠言逆耳利于行",唐太宗贵为帝王,尚能如此,作为普通人的我们,更需要虚心听取别人的意见,当然,也要有自己的主见,

十八学士图 【宋·佚名】

（李世民为秦王时，开文学馆，收聘十八位贤才，讨论文献，商略古今，号"十八学士"）

归根结底是要能明辨是非。

和每一位杰出的领导人一样，唐太宗善于做好团结工作。在隋末的南征北战中，他依靠沉着冷静的品质，带领诸多将士取得了许多胜利。唐太宗身边围绕着一批听他指挥的优秀人才，可谓"猛将如云，谋臣如雨"，这些人也为他日后在"玄武门之变"中顺利夺权打下了基础。李世民曾经让著名画家阎立本绘制了《二十四功臣图》，缅怀当年与他一起打天下的功臣们。由于唐太宗从谏如流，治理有效，大唐国力达到巅峰，人民生活富裕安定，社会甚至出现了"路不拾遗，夜不闭户"的情形。

唐太宗还有包容的气度。此前数百年的"华夷之争"让天下陷入黑暗，而太宗认为无论哪个民族，都是我们国家的人民，不要区别对待。这种包容的气度吸引了周边国家的人民，当时的长安城也成为全世界最国际化的城市，黄种的东亚人、白种的中东人、被称为"昆仑奴"的黑种人，都出现在长安。东瀛的日本也派出了遣唐使，大批留学生渡海前来学习大唐的制度与礼仪，他们带回去的文化直接影响了后世日本的面貌。你去过的日本京都和奈良，见过的东大寺等建筑，都有当年大唐的模样。唐朝之所以伟大，就在于它的包容与开放，我们中国人至今都有一颗"梦回大唐"的心——这都源于开明的皇

十二 光辉大唐 繁华与开放

帝李世民。

唐朝人民创造了璀璨的文化,其中最有名的莫过于唐诗。今天我们从小就开始学习唐诗,五言、七言、绝句、律诗等,这些诗歌,有的描写田园生活的恬淡雅适,有的高歌边塞的雄浑苍茫,有的抒发人生的浪漫情怀,还有的书写人世的悲欢离合。你脑海中的唐朝人物列表里面,一定有很多诗人的名字,最著名的当然是"诗仙"李白和"诗圣"杜甫。李白那些富有浪漫主义色彩的诗句,拓展了人们对时间和空间的想象,让人在脑海中构建出一个无比瑰丽和飘逸的超现实世界,他诗歌中这种表达想象的浪漫的力量前所未有。当代诗人余光中的《寻李白》写道:"酒入豪肠,七分酿成了月光,余下的三分啸成剑气,绣口一吐就半个盛唐。"是大唐包容和开放的气度造就了李白这样的天才,天马行空的李白也为大唐增添了浪漫色彩。再说"诗圣"杜甫,我小时候读杜甫的诗很难有体会,他的诗完全不能像李白的诗那样容易引人入胜,待长大后我对社会有了一定的认识,就明白这位诗人悲天悯人、关切人间的情怀,竟是如此伟大。当代有一位著名的民谣歌手周云蓬,把杜甫的诗编成歌曲《杜甫三章》,他的配乐和吟唱都相当动听,以至于诗中所表达的情感让人感同身受。

也许你还是会问,为什么唐朝的诗歌是最好的?这

捣练图 【唐·张萱】

个问题应该没有标准答案。诗歌的美好是要靠自己去读、去理解、去体会的，我这里谈谈个人的看法。唐朝的肇造，源于南北朝三百年的大分裂以及隋朝的短暂统一，以汉族为主的民族主体中融入了北方少数民族的血液，相传，唐朝统治者有胡人的血统。少数民族的加入，让唐朝人民对世界有了新的认识和新的理解，犹如一股新风吹进了封闭的房间，让人觉得忽然有了新的气息。另一方面，以唐太宗为代表的统治者们，采取开明的态度来面对世界。据《资治通鉴》载，唐太宗说："自古帝王虽平定中夏，不能服戎、狄。朕才不逮古人而成功过之……自古皆贵中华，贱夷、狄，朕独爱之如一，故其种落皆依朕如父母。"不管什么民族都能平等对待，这种包容和开放的胸襟造就了一个恢弘大气的朝代。反映在诗歌方面，自然就不会是同质化的内卷，而是风格迥异、气象万千的多姿多彩。可以看出，一个包容与开放的社会环境，对人们的思考与创造是多么重要！历史学家陈寅恪先生在《李唐氏族推测之后记》中总结得最好："李唐一族之所以崛兴，盖取塞外野蛮精悍之血，注入中原文化颓废之躯，旧染既除，新机重启，扩大恢张，遂能别创空前之世局。"

大唐的首都是著名的长安（今天的西安），"长安"是长治久安的意思，它是我国的第一古都，有十三个朝代在这里定都，各个时期的名称与地理位置有变化。最早是周武王的都城镐京（在今天的陕西西安长安区）；后来秦始皇建立首都咸阳（涵盖今天的西安和咸阳部分区域），并修建阿房宫（在今天的陕西西安西咸新区）；汉高祖刘邦也在长安（《史记》曰："长安，故咸阳也。"）修建都城；到隋唐两代，长安再次成为首都。大唐的长安是当时世界上面积最大且最为雍容华贵的城市。无数外国人在此定居和生活，可以说是名副其实的国际大都市。长安也因此与罗马、雅典、开罗并称"世界四大古都"。长安是我们民族的精神故乡，祖先在此创造的文明让我们至今都无比骄傲。

唐朝最终也没能摆脱灭亡的命运。"安史之乱"后的藩镇割据问题一直没有解决，后来又出现了"牛李党争"、宦官专权，国家被折腾得无比衰弱，"黄巢之乱"给这个危如累卵的国家以致命一击。黄巢带兵攻入长安，几乎取唐朝而代之，据说他特别喜爱菊花，如他所写《不第后赋菊》诗："待到秋来九月八，我花开后百花杀。冲天香阵透长安，满城尽带黄金甲。"再如《题菊花》："飒飒西风满院栽，蕊寒香冷蝶难来。他年我若为青帝，报与桃花一处开。"——他笔下的菊花在秋天肃杀的环境下昂首开放，着实催人奋发向上。黄巢起义最后被李克用和朱温等人剿灭了，持续二百八十九年的大唐也随之寿终正

步辇图 【唐·阎立本】

寝。黄巢这个人与千年后的洪秀全有很多相似的地方，有兴趣的话你可以比较一下。

唐朝灭亡后的七十多年，国家进入大分裂时期，历史上称"五代十国"。中原地区相继更迭了五个朝代，分别是后梁、后唐、后晋、后汉、后周，它们只是传承了唐朝的衣钵，并没有实力统一全国。与此同时，中原地区以外还存在十个割据的小国，每个小国都自成一统，高度自治。

先是朱温建立了后梁，唐朝至此灭亡。但朱温皇位尚未焐热，李克用的儿子李存勖（读 xù）就消灭了后梁，建立了新朝代——后唐。石敬瑭（读 táng）引北方的契丹人入中原，灭了后唐，建立了后晋。石敬瑭曾无耻地自称"契丹的儿子"，并把燕云十六州割让给契丹。燕云十六州东至河北，西至山西，这片长城以南的广阔土地直到明朝才被国家重新收复。石敬瑭这个臭名昭著的卖国"儿皇帝"为人所不齿，被永远钉在了历史的耻辱柱上。卖国贼当然也不会有好下场，后晋很快被契丹灭掉。随后，刘知远把握机会建立了后汉，这个朝代仅仅持续了四年。后汉的大将郭威发动"澶州兵变"（澶州在今天的河南濮阳西部），他推翻后汉，建立了后周，郭威死后，他的养子柴荣继承了皇位。周世宗柴荣向南打到了长江，在向北收复燕云十六州的时候病逝了。随后

十二　光辉大唐　繁华与开放

赵匡胤重演了郭威黄袍加身的故事，发动"陈桥兵变"，建立了宋朝，并陆续统一了南方。因为此前有过同样名号的朝代，因此这一时期五个朝代的国号之前都加了一个"后"字，其中后唐、后晋、后汉三朝都是沙陀人建立的国家，沙陀人大约是当时西北少数民族混血的后代。后周的周世宗柴荣若非在北伐的过程中病倒，或许后来统一全国的就是后周了。历史充满了偶然性，拥有好身体很重要！

五代时期，在江淮以南有十个小国家并列。这些国家存在的时间基本上都比中原的五个朝代长，但是他们往往奉北方为正统，直到宋太宗赵光义时代，十国才彻底被宋朝统一。出于私心，我要特别说一下吴越国。

吴越国的开创者是钱镠（读 liú），唐末出生于浙江临安，年轻时以贩卖私盐为生，从军后逐渐建立了自己的武装，被北方朝廷封为"吴越国王"。吴越国历经三代人，先后曾有五个王，三代五王七十二年，国土包括如今的江苏南部、上海、浙江、福建北部，国都在今天的杭州。吴越国奉行保境安民的政策，江浙一带经济从这个时期开始起飞，后来成为全国最富庶的地区。据《资治通鉴》载，因为父祖希望"子孙善事中国"，所以最后一任吴越王钱俶（读 chù）和平地将吴越"纳土归宋"，交给了大宋，吴越百姓也就避免遭受一场战争所带来的灾难。

钱俶有一个儿子叫钱惟演，曾官至代理宰相，也是宋朝有名的诗人。据我们钱姓的族谱记载，他就是我家的祖先。钱氏的后代大多热爱读书，历史上名人不断涌现。记得我小时候，父亲就跟我说："我们姓钱的出了不少优秀人才，你也要争取做一个优秀的人。"——这句话一直激励着我认真学习，努力工作，希望你以后也能成为一个优秀的人，做一个对社会有用的人！

钱惟演曾写过一首诗《木兰花》："城上风光莺语乱，城下烟波春拍岸。绿杨芳草几时休？泪眼愁肠先已断。情怀渐觉成衰晚，鸾镜朱颜惊暗换。昔年多病厌芳尊，今日芳尊惟恐浅。"钱思公的这首诗，道尽了一个人晚年心境的凄婉。大唐盛极一时，它的晚年却也如牡丹凋零，风华落尽，一样使人心生悲凉。

十二 光辉大唐 繁华与开放

小贴士

● 典故

朝为田舍郎，暮登天子堂　忠言逆耳　猛将如云，谋臣如雨　路不拾遗，夜不闭户　纳土归宋

● 追问

1. 唐太宗李世民身边为什么会"猛将如云，谋臣如雨"？
2. 你从唐太宗和魏徵的关系中获得了什么启示？

● 拓展

1. 朗读唐朝"诗仙"李白和"诗圣"杜甫的诗，体会古代诗歌的高峰——唐诗。聆听民谣歌手周云鹏的《杜甫三章》。
2. 朗读唐末农民起义领袖黄巢的《不第后赋菊》《题菊花》，体会其雄伟胆略。
3. 朗读北宋大臣钱惟演的《木兰花》，体会作者晚年凄凉心境与朝代末年风华落尽的情境相通处。

十三 两宋风云 巅峰与悲剧

- 提要
- ○ 陈桥兵变
- ○ 赵匡胤建立大宋
- ○ 杯酒释兵权
- ○ 皇帝与士大夫共治天下
- ○ 澶渊之盟
- ○ 庆历新政
- ○ 王安石变法
- ○ 靖康之耻,亡国之君
- ○ 北宋落幕,建炎南渡
- ○ 范仲淹与苏轼
- ○ 儒学集大成者朱熹

唐朝灭亡后，五代十国群雄割据，这七八十年的中国四分五裂。直到后周大将赵匡胤发动"陈桥兵变"，黄袍加身后建立宋朝，全国统一之事才拉开了序幕。赵匡胤采用当时宰相赵普的建议，先把南方的小国消灭了，再收复北方被契丹人占领的燕云十六州。后周的周世宗柴荣此前已经饮马长江，这为大宋平定南方打下了基础，直到宋太宗赵光义时，宋朝才完成了对南方的统一。对北方失地的收复，有宋一代都未完成。

　　宋朝从成立之初起，所遇到的问题就和其他朝代不同，其北方有契丹人的辽国虎视眈眈，长城关内的燕云地区也被他们占领着，因此宋朝天生就缺少了长城这个屏障，时时刻刻都如同有一把达摩克利斯之剑高悬在头顶。后来北宋的灭亡，与此也直接相关。

　　宋朝分北宋和南宋两个阶段。宋太祖赵匡胤夺了后周的家业，建立了大宋，定都在黄河南岸的开封（今天的河南开封），当时也称"东京""东都""汴梁"。北宋有东、

十三 两宋风云 巅峰与悲剧

西、南、北四个都城,分别是东京开封府、西京河南府(今天的河南洛阳)、南京应天府(今天的河南商丘)、北京大名府(今天的河北邯郸大名县),除东京外的三个都城是陪都——首都陷落后,中央政府可以跑到陪都去。赵匡胤本人是武将出身,学郭威黄袍加身后取得皇位,因此他特别担心手下的武将也来这一套。他想出一条对策——将军队指挥权交给文官,武将只能听从指挥,执行任务。对开国的武将功臣们,赵匡胤设计了一场"杯酒释兵权"的把戏,让他们交出带兵权,回家安享荣华富贵。

应当说,宋太祖赵匡胤是一个宽容的君主,并没有像很多帝王一样上位后大开杀戒,而是通过一系列的手段来与各方面达成共识,奠定了大宋"以文为主"的国家气质,这就开创了两宋三百多年"皇帝与士大夫共治天下"的政治架构——大宋的天下不仅是我赵家的,也是你们的,咱们一起来商量着治理国家。过去的绝大多数皇帝都是一言九鼎,哪里能容得下士大夫们指手画脚?而宋朝在这方面的宽容,可以说远胜其他朝代,这可以说是一种相当大的进步。

赵匡胤去世后,他的弟弟赵光义继承了皇位。为什么皇位不是传给儿子,而是传给弟弟呢?这是历史上著名的悬案"烛影斧声"。传说一个雪夜,宋太祖赵匡胤与他弟弟赵光义单独在房间里喝酒,外面的人看见里面烛影摇动,又听到斧子敲击的声音,当天夜里太祖就驾崩了。赵光义当皇帝后,声称是他们的母亲杜太后去世前定下了"金匮(读 guì)之盟"——兄传弟,弟再传兄子,如此传递下去——因此他本人继承皇位是合法的,但这一切都无从考证了。不过,从宋太宗赵光义后来害死自己的弟弟以及太祖的儿子来看,此人的心胸远不及他的兄长宋太祖。

太宗之后,他的儿子宋真宗继位,这是一个守成之君,在国家治理方面做得挺好,他的高光时刻是在辽国南下入侵的时候,作为皇帝他能够亲自赴前线指挥战斗,并最终与辽国达成了"澶渊之盟",确保北方边境百年间的和平安宁。当然,跟辽国讲和也是有代价的,北宋每年要送数十万的金银绢匹给辽国。试想一下,议和是不是软弱的表现?很多历史的好坏难以下定论,关键是你怎么看,历史也没有如果,倘若不讲和继续打下去,结果也不得而知。

宋真宗之后继位的是宋仁宗。宋仁宗的谥号是"仁",其直观意思是仁厚,深层次意思是孔夫子说的"仁者爱人",可以看出宋仁宗这个皇帝对人是相当友善、相当宽容的。据说大臣包拯(就是民间说的"包青天")跟仁宗争论,口水都喷到皇帝脸上了,但是仁宗居然没有批评他,要知道在其他朝代,这种行为是要被严厉责罚的,甚

十三　两宋风云　巅峰与悲剧

至可能会掉脑袋。宋仁宗在位期间，为了提升国力，任用范仲淹等名臣推行"庆历新政"，面对西北崛起的党项人李元昊及西夏国，采取了和谈的形式。宋仁宗时，出现文人井喷现象，包括"唐宋八大家"里面的六位，其中有才华震古烁今的苏东坡。有本书《宋仁宗和他的帝国精英》写得不错，你感兴趣可以阅读一下。在后世的许多文人眼中，宋仁宗是历史上最好的皇帝。

宋仁宗之后，他的堂侄宋英宗赵曙继任皇帝，原因是宋仁宗没有儿子。宋英宗之后，他的儿子宋神宗继位，这位皇帝怀抱理想主义，急于振兴大宋的国力，任用王安石展开变法。中国古代经济历来以农业为主，因为只有种田生产粮食，才能养活众多的人口，自上而下对经商不感兴趣，认为那不过是投机取巧，这种政策也被称为"重农抑商"。然而到了宋朝，商业氛围开始变浓，人们认为通过经商可以创造更多的财富。王安石变法的核心思想，是希望通过国家经商来刺激社会生产，进而为国库积累更多的财富。现在看来，王安石的这种思想太超前了，直到千年后西方的资本主义才实现。但变法最终失败了。一方面，各种改革措施的推行过于激进，过于追求速度，忽视了改革需要循序渐进，社会各界在短时间内难以理解和消化，自然就无法形成社会共识，以司马光为首的士大夫阶层尤其反对，变法的阻力可想而知。另一方面，下面的执行者并没有真正理解变法的思想,老式官僚只为取悦上层,强加执行,罔顾天下百姓死活,于是酿成大错。历史上对王安石的争议很大,部分人认为北宋灭亡是从王安石变法开始的——制造了社会乱象;也有一部分人认为王安石是个卓越的思想家,他想要改变国家的积弱局面没有问题,他的改革思想领先全世界。

宋神宗之后继位的是宋哲宗,变法导致的问题在哲宗时期继续发酵,出现了新旧两党之争。以司马光为首的旧党废除了所有变法条例,而后新党上台又大肆贬斥旧党成员。用老子《道德经》里面的话说:"治大国,若烹小鲜。"治理这么大的一个国家,政策不能变来变去,否则天下人就无所适从了。上面的领导层变得太快,国民当然也就难以安居乐业,国家治理自然就不可能好起来。宋哲宗死后传位给他弟弟宋徽宗赵佶,但社会乱象到这个时期日益严重,四大名著之一的《水浒传》就是以这个时期的梁山起义为背景而创作的小说。

宋徽宗的爱好不在治理国家上,而在琴棋书画等艺术审美方面,他还创造了"瘦金体"这样一种书法字体。假如他是个普通人,那足以成为卓越的艺术家,然而对于一个皇帝来说,这就是悲剧了。他显然忘了被他祖先赵光义灭掉的李煜,那位南唐后主也是著名的词人,李煜《浪淘沙》里那句"落花流水春去也,天上人间"写得无比

凄美,可惜这却是一个阶下囚的词,殷鉴不远!在北方崛起的金国的进攻下,宋徽宗也成了亡国之君。开封沦陷,大宋皇室几乎让金人一网打尽,无比屈辱地被押送到了北方,有的被杀,有的做了奴隶。宋徽宗和他儿子宋钦宗被关在北方冰天雪地的五国城,不知那时候他是否后悔了。这是中国历史上最为耻辱的一幕,也被称为"靖康之耻"。后来的抗金名将岳飞在《满江红》中写道:"靖康耻,犹未雪。臣子恨,何时灭?驾长车,踏破贺兰山缺。"表达的就是这种一雪前耻的决心。你到过贺兰山,背诵过这首词,当然更应当有所体会。一个国家、一个人,如果不能在自己的主业上勤奋精进,结果可不仅是"老大徒悲伤",甚至有可能是毁灭性的。

立国一百六十多年的北宋就此谢幕。赵家皇室几乎被一网打尽,不过有一个人死里逃生,那就是当时的康王赵构,即后来的宋高宗。他一路向南逃跑,几经波折,甚至传说在神明的帮助下"泥马渡江",也曾在浙江舟山的海上躲避金兵,最后才在临安(今天的杭州)落脚,这段历史被称为"建炎南渡"。由于开封在北方,从宋太祖到宋钦宗的这段时期被称为"北宋";而赵构在南方重建的宋朝,则被称为"南宋"。当然,南宋只剩下半壁江山,这又让人想起西晋"永嘉之乱"的"衣冠南渡",历史好像在此刻按下了重复键。

十三　两宋风云　巅峰与悲剧

宋高宗时期，南宋军队在岳飞等将领的带领下，一路向北收复失地，直到离开封四五十公里外的朱仙镇，眼见就可以光复旧都开封了。然而，南宋朝廷急于跟金国议和，连发12道金牌要求岳飞收兵，北伐到此以失败而告终。岳飞回来后，被秦桧等人以"莫须有"（也许有）的罪名杀害了。岳飞创建的岳家军战斗力极强，以至金兵都发出了"撼山易，撼岳家军难"的感慨，后人为了纪念这位抵抗外来侵略的名将，在西湖边修建了岳王庙，秦桧等人的石像至今还跪在岳庙里面——卖国贼永远被钉在历史的耻辱柱上。后世也有另一种看法，认为真正杀害岳飞的是宋高宗赵构，他急于跟敌人议和，以便自己苟延残喘，同时他也担心军权旁落，所以做出这样的决定。对此，你怎么看？

宋朝的开创者是宋太祖赵匡胤，但北宋后来的皇位却一直由他的弟弟赵光义及其后代继承，直到宋高宗。民间传说金太祖完颜阿骨打的长相貌似宋太祖，宋高宗认为是赵匡胤转世来讨要他的江山，因此决定将皇位传给宋太祖的后裔。所以，南宋自孝宗以下，都是太祖的后裔。传说似乎是无稽之谈，那真实情况是什么呢？你可以去探索一番。

南宋的帝王们没有做出太大的成绩，江山只剩下半壁，昔日的汴梁、汉唐的长安统统落入敌国之手，在武功

江山行旅图 【金·太古遗民】

上与北宋一脉相承，可以说都是懦弱作风。媾和与北伐的两种声音反复交织，又坚持了一百五十年左右，随着最后一代皇帝在广东崖山跳海自尽，宋朝彻底灭亡了。

当然，一个国家的盛衰不能仅仅用武力来衡量。"永嘉南渡"之后的"建炎南渡"是中国历史上又一次大规模的人口南迁，从此文明的重心彻底转移到南方，激活了江南直至岭南地区，间接地开发了中国南方纵深的土地。南宋的社会风气相对开放，民间重视商业的发展，既然北方陆地与中亚的通道已经失去了，那就从海上开展贸易，大批的货物从南方的港口运往南亚和西亚。重商是资本主义的标志之一，也是后来西方国家得以领先的原因，他们率先完成了从封建到资本的转变。假使南宋没有亡于蒙古，那资本主义很有可能最先在中国实现。

在两宋三百多年的历史长河中，涌现出许多杰出人物，我想说几个自己特别佩服与喜爱的人物。如果一定要找一个作为学习的榜样，我要首推在各方面几乎完美的范仲淹，他被朱熹称为"天地间气，第一流人物"。范仲淹虽然幼时家境贫困，他却能刻苦读书，自强不息，从小立下了"修身，齐家，治国，平天下"的远大志向。在他担任官员的过程中，总能不考虑个人得失，一切为国为民，他在《岳阳楼记》里面写的名句"先天下之忧而忧，后天下之乐而乐"，一直激励着后人要为国家和社会做贡献。

苏东坡像【元·赵孟頫】

范文正公树立了一种做人做事的准则,这种准则即使放到现在也具有积极意义。他的故事,一两句话讲不完,在《宋史·范仲淹传》中有详细记载,建议你去读一下。

第二个要说的是苏轼,他几乎是所有中国人都会喜爱的天才,一千年才能出一个这样的人物。人们喜爱他的原因,主要是他出色的诗词文章和旷达的人生态度。很多人都会从现代文学家林语堂先生写的《苏东坡传》读起,来了解苏轼。虽然这本书原是林语堂用英文写给外国人看的,但翻译的中文版本同样精彩。我非常喜爱这本书,曾多次阅读,好多年过去了,不仅对书中内容记忆犹新,甚至译者张振玉所写序中的内容都还记得:"偶望窗外,树叶萧疏,已见秋意。回忆童年,读书燕市,长巷深宅,树老花繁,四季皆美,秋天为最。今日寄迹海隅,又喜秋光如故,人健如仙。"关于东坡先生的书太多了,这本可作入门阅读。除了东坡,南宋的辛弃疾和陆游也很不错,他们的诗歌也值得反复阅读。

再想聊一聊宋朝的思想。中国传统的儒家思想在汉朝之后,就没有多少创新了。直到宋朝,才得到了新一轮大发展。魏晋南北朝、隋唐和五代时期,虽然儒家也为士大夫们所尊崇,但从学说上看没有多少新意,这个时间段佛家和道家思想乘虚而入,儒家思想面临新挑战。到宋朝,孙复、石介、胡瑗(读 yuàn)等人重新开启儒学的教学

十三 两宋风云 巅峰与悲剧

传授,后来出现了周敦颐、程颐、程颢、张载、朱熹、陆九渊等一大批儒学思想家,他们从宇宙和人生的角度,提出了一些新理论,使得古老的儒学焕发出新的生命力,尤其是南宋的朱熹,成为儒学集大成者。著名学者余英时有一本大部头的专业著作《朱熹的历史世界》,你以后有兴趣的话,可以读一读。

宋朝的审美,在大多数学者看来,也达到了历史巅峰。汉朝崇尚红色与黑色,红与黑代表了汉文化成型时期旺盛的生命力。到唐朝,由于国力的强盛与思想的开放,人们在生活态度上倾向于豪迈乐观,呈现出五彩缤纷、流光溢彩的自信力。宋朝是一个由士大夫主导的文质彬彬的朝代,文人喜欢风雅,因此社会主流的审美观念是素雅淡朴,无论是衣着、美术、瓷器、饮茶等,无不透露出简约、高冷的风格。所谓大道至简,大红大紫、色彩斑斓实现起来并不困难,而越简单的东西却越难呈现。宋朝的审美做到了让人沉迷的简约而不简单,这种审美可以说是在唐朝极度恢弘后的冷静萃取,得到的都是精华。说到极简主义,不由得又让我想起美国著名作家雷蒙德·卡佛,他极简主义的小说风格令很多人倾倒。

我想说的大宋,大概就是这些了。与它同时期并存的,还有辽国、金国、西夏、蒙古国。前期在北方,契丹人耶律阿保机建立了辽国,与北宋互相征战,谁也没能将谁灭亡。辽亡国后，部分契丹人跟着耶律大石一路向西，到西域建立了西辽，最后被蒙古所灭。辽国后期，女真人完颜阿骨打建立了金国，金国统治者先后消灭了辽国和北宋，虽然也幻想消灭南宋，金国第四任皇帝完颜亮作《题临安山水》，说要"提兵百万西湖上，立马吴山第一峰"，终究未能得逞。制造了"靖康之难"的金国，它亡国的悲惨程度丝毫不亚于北宋的"靖康之耻"。北宋时期，李元昊在今天的甘肃一带建立了西夏国，今天你去银川，还能看到他们的帝王坟墓，如同窝窝头一样矗立在黄土地上。蒙古是后来崛起的，成吉思汗统一草原后，他的蒙古铁骑所向披靡，陆续消灭了西夏、金国以及南宋。

回顾这段历史，是希望我们的国家能够昂首挺胸地屹立于世界民族之林，再造文化之巅峰，不再有北宋末年那样的悲剧发生。

十三　两宋风云　巅峰与悲剧

小贴士

● 典故

虎视眈眈　杯酒释兵权　一言九鼎　烛影斧声　金匮之盟　震古烁今　靖康之耻　泥马渡江　无稽之谈

● 追问

1. 宋朝为什么可以做到"皇帝与士大夫共治天下"？
2. 金兵既发出"撼山易，撼岳家军难"的感慨，为何岳飞最后还是被处死了？

● 拓展

1. 阅读当代作家郭瑞祥的《宋仁宗和他的帝国精英》，体会其"皇帝与士大夫共治天下"的施政理念，感受大宋的政治特色、时代气质与人文气象。
2. 阅读现代作家林语堂的《苏东坡传》，了解一代文豪苏轼。
3. 朱熹称范仲淹是"天地间气，第一流人物"，阅读北宋政治家范仲淹的《岳阳楼记》，感受他的爱国爱民情怀与仁人之心。
4. 阅读元末明初文学家施耐庵的《水浒传》，感受北宋末年的宋朝风云。

十四 短暂元朝 暴虐与倒退

- 提要
- 蒙古人征战亚欧大陆
- 大蒙古国的建立
- 四大汗国
- 「黄金家族」法则
- 忽必烈建立元朝
- 火药、印刷术的传播
- 元曲的兴起

公元十三世纪,亚欧大陆上忽然刮起一阵"大风",这阵风席卷了东亚、西亚、中亚、南亚、东欧的四十多个国家,所到之处,山河为之变色,草木为之凋零,生灵为之涂炭——这便是蒙古人发起的亚欧大征战。它的破坏力极强,对亚欧大陆的格局产生了莫大的影响。中国在这场征伐中也未能置身事外。

蒙古族本是北方草原上的游牧民族,当北方的匈奴民族被汉朝驱逐远遁之后,北方的室韦、鲜卑、突厥、柔然等民族占据了蒙古的这片区域。蒙古高原上逐步形成了几个主要部族,包括蒙古、塔塔儿、克烈、乃蛮、蔑儿乞,他们的居住地包括广袤的西伯利亚、今天的蒙古国,以及我国长城以北的部分地区。与他们相邻的,东边是强盛的金国,南边是西夏国,西南是西辽国(今天的新疆一带),西部是花剌(读 là)子模等中亚国家,北边则是罗斯等白人国家(今属俄罗斯)。当时蒙古的这些部族,都逐水草而居,以放牧为生,他们经常受到东部金国的压

十四　短暂元朝　暴虐与倒退

迫，另外，部族之间也发生争斗。

十二世纪后期，在蒙古的斡（读 wò）难河（今天的鄂嫩河）地区，诞生了一个名叫孛儿只斤·铁木真的超级强人，他少年时，父亲就去世了，在熬过了困难的青少年时期后，他团结了一批能征善战之人，比如著名的"蒙古四杰"：博尔忽、木华黎、博尔术、赤老温，"蒙古四獒"：哲别、速不台、者勒蔑、忽必来。十三世纪初，铁木真在分别消灭了王罕、札木合等各大势力后，在斡难河召开"忽里勒台"（大会的意思），王公贵族们共同推举他为"成吉思汗"，并建立了大蒙古国。

大蒙古国向四面八方发动了一系列战争，在随后的三十多年中，蒙古向西陆续消灭了西辽、花剌子模等国家，占领了今莫斯科、基辅等地，最远到达欧洲的多瑙河；向南平灭了西夏国，向东平灭了金国。在西夏国被平灭前夕，成吉思汗在军中病逝。

由于蒙古占领的土地太多，成吉思汗将所占土地分封给他的四个儿子：术赤、察合台、窝阔台、拖雷，分别建立了四大汗国。大儿子术赤掌管额尔齐斯河以西、花剌子模以北（今天的东欧及俄罗斯的部分地区），建立了钦察汗国，就是后来其子拔都的金帐汗国。二儿子察合台则获得了西辽旧地，建立了察合台汗国。三儿子窝阔台则获得了蒙古西部部分地区的土地，建立了窝阔台汗国。小儿子拖雷则掌管蒙古本部的土地。成吉思汗的后代还在西亚等地建立了一个伊尔汗国。

因此,成吉思汗去世后的蒙古统治架构,可简单理解为:最上面有一个大汗(皇帝),是蒙古的最高统治者,也是宗主,掌管蒙古本部与附近的主要土地;下面又根据实际统治分为几个汗国,他们的统治者遵循"黄金家族"的法则,统治者必须是成吉思汗家族的后代。随着时间的推移,各个汗国基本都不太服从宗主国的管理,宗主国也很难去管下面的汗国,毕竟占领的土地太多,彼此在空间上的距离也太大。

从大蒙古国的传承来看,成吉思汗是第一代,第二代是窝阔台,第三代是窝阔台的儿子贵由,第四代是拖雷的儿子蒙哥,第五代则是蒙哥的弟弟忽必烈。其下属汗国的传承过于复杂,我们就不罗列了。

公元1271年,忽必烈正式对外宣称建立元朝,用《易经》里面的"大哉乾元"来形容蒙古统治的疆域之大。第二年,他们把都城定在大都(也称"燕京",即今天的北京),同时他们还有一个被称为"上都"的都城开平(位于今天的内蒙古自治区锡林郭勒盟正蓝旗)。随后,蒙古从包围并攻陷襄阳(今天的湖北襄樊襄阳)开始,顺江而下往建康,逼近南宋都城临安。由于长江上游被蒙元控制了,南宋无险可守,加上贾似道这样的奸臣

十四 短暂元朝 暴虐与倒退

当道，朝廷混乱无序，1276年，南宋朝廷被迫投降。随后，抗元将领文天祥等人率领残余军民，继续在沿海地区抵抗，终究未能挡住元军的进攻。1279年，陆秀夫在广东崖山背负小皇帝投海自尽，南宋彻底灭亡。1276年是一个标志性年份，中国历史上第一次被北方游牧民族统一了。

元朝不再自称蒙古国，他们的统治者要做中国的"天子"。元世祖忽必烈在位期间，一直没有停止征战，向南继续攻打安南（今天的越南）、缅甸、爪哇（今天的印尼爪哇岛）等地，向东征服了朝鲜。在攻打日本的过程中，元军因遇到大风全军覆没（日本人称之为"神风"）。到元成宗铁穆耳时期，由于朝廷国库空虚，就逐步停止了征战。你可以想一想，为什么国库空虚就不能去打仗了？

铁穆耳去世后，忽必烈的曾孙孛儿只斤·海山即位，是为"元武宗"。武宗去世后，皇位交给了他的弟弟孛儿只斤·爱育黎拔力八达，是为"元仁宗"。这位皇帝由于从小接受的是儒家的正统教育，因而继位后大力推行儒家治国理念，重新启动了科举考试。元仁宗死后，他儿子孛儿只斤·硕德八剌继位，是为"元英宗"，继续推行儒家治国理念，后被蒙古保守势力刺杀身亡。忽必烈的另一个曾孙孛儿只斤·也孙铁木儿平定了叛乱，继位为"泰定

元世祖出猎图(局部)【元·刘贯道】

十四　短暂元朝　暴虐与倒退

帝",泰定帝死后他儿子天顺帝曾短暂继位。

随后,元武宗的部分旧部下在和林(窝阔台时代蒙古的首都,在今天的外蒙古)拥立了他儿子孛儿只斤·和世㻋(读 là)为元明宗,另一部分人则在大都拥立了他另一个儿子孛儿只斤·图帖睦尔为元文宗。两个皇帝并立显然行不通,据说后来元文宗毒死了元明宗。文宗时代,朝政败坏,他将皇位传给了元明宗七岁的儿子孛儿只斤·懿璘(读 yì lín)质班,这位元宁宗继位两个月后也死了。

在这种情况下,元明宗的另一个儿子孛儿只斤·妥懽(读 huān)帖睦尔继位为"元惠宗"。惠宗皇帝命人修撰了宋、辽、金三朝的历史,也算是做了件好事——同时也说明统治者已经被汉化,以中原皇帝自居了。元惠宗时代,民不聊生,义军四起,最后惠宗被朱元璋赶出了大都,逃回了漠北草原,后来的明朝给了他一个称号"元顺帝"(顺应天意的意思)。北元在草原上又坚持了若干年,最终取消了"元"这个国号。

这个马背上的民族,通过武力征服四方,几十个国家被他们灭亡,南宋政权也亡于他们手中。

成吉思汗从草原起家,他率领的蒙古骑兵的战斗力在当时远强于其他国的步兵,在征战中每每攻打城市,多开启血腥杀戮,许多城市被屠戮一空,妇女儿童也不能幸免,用"野蛮"二字都难以形容他们的残暴。成吉思汗有句名言,大致意思是:人生最大的快乐,莫过于杀死仇敌,抢夺他们的骏马和财物,并把他们的妻女掠抢回来。但我们也容易理解,在那个时代,对于游牧民族来说,在恶劣环境中求生存是排在第一位的,缺乏教育,其行为自然就很野蛮了。到了这些草创者的后代们执掌的时期,残暴程度有所收敛,统治者开始有意识地开展文化教育,忽必烈拜藏人八思巴为国师,创制了蒙古文字,陆续使用汉族文人来治国,改变了草原上的传统做法。

草原来的统治者进入汉地(包括长城以南的金和宋)后,终究不能将各地城市都夷平为草原,面对人数占绝对优势的汉族,还是需要用汉人的方式来管理。从成吉思汗开始,因治国需要,耶律楚材这一类富有儒家学问的人才逐步为草原君主出谋划策,后来蒙古灭金,又吸纳了许多北方的汉族官员,灭取南宋后,进一步使用了更多正统的汉族官员。于是从元世祖开始,治理国家的方式也就汉化了。当然,他的防范心理是无法磨灭的,汉人在元朝的等级地位被排在最低一档,远低于蒙古人、色目人,几乎没有任何尊严可谈。当然,今天的汉族与蒙古族都是中华大家庭中的一部分,大家平等友爱,我们不能将过去的是非与现在画等号。

元朝时跟西方的交流倒是不少,意大利人马可·波罗

十四　短暂元朝　暴虐与倒退

都能到中国为官，这才有了著名的《马可·波罗游记》，让欧洲人知道了更多有关中国的事情。当时的蒙古骑兵虐杀成性，但对工匠倒是个例外。这些汉地工匠们逐步把中国的火药、印刷术带到了西方。

蒙古帝国横跨欧亚大陆，所信仰的宗教五花八门。最初他们信奉萨满教的长生天，在占领各地后，又陆续信奉佛教、伊斯兰教、基督教、道教等。不过在元朝，统治阶层主要信奉的还是藏传佛教，蒙古族和藏族因此非常亲近。当时，汉族的读书人大多无所事事，上升的科举通道长期被关闭，四书五经也只能拿来做点教育启蒙，因而文章诗歌渐渐没落，倒是兴起的元曲，成为了一种特殊的艺术形式。你了解哪些元曲呢，它和唐诗宋词又有什么区别？

元朝统治的百年，无疑是中国历史上的一个重要转折点。汉文明在以往的千年中，虽然屡屡被北方游牧民族所破坏，但总体是发展的。尤其到了宋朝，皇帝与士大夫共治天下，汉文化已臻巅峰，社会萌生了资本主义的初级阶段形态，如果按这种状态发展下去，后面的半个世纪，中国必然将是全世界最文明的国家。可惜元朝的统治使得文明倒退，后继的明清两代社会与政治中的暴虐成分，与元朝的统治习性有很大的关系。历史没有假设，常使人为此扼腕叹息！

小贴士

● 典故

大哉乾元　扼腕叹息

● 追问

作者认为明清两代社会与政治中的暴虐成分与元朝的统治习性有很大的关系,你同意这种说法吗?为什么?

● 拓展

阅读意大利商人马可·波罗的《马可·波罗游记》,感受西方人眼中的东方,尤其是中国。

十五 大明光华 重建与崩塌

- 提要
- 起义军统帅朱元璋脱颖而出
- 建立大明朝
- 复兴汉文化
- 建文帝削藩,靖难之役
- 《永乐大典》
- 郑和下西洋
- 首都搬到北京
- 仁宣之治
- 隆庆新政
- 萨尔浒战役
- 李自成攻破北京
- 王阳明与《传习录》

蒙古统治者在草原上得了天下，过去他们可以靠到处抢掠来获得财力支持，但当他们真正成为统治者后，却发现要治理这么一个幅员辽阔的国家相当困难，最关键的问题在于：没钱！打仗需要钱，维持政府开销需要钱，开展建设需要钱，赈灾抚恤需要钱，等等。因此，皇帝和大臣的一项重要任务，就是如何增加国库收入。在这方面，历代皇帝都很头疼，草原来的统治者就更加缺乏经验了。到元顺帝时期，国家财政陷入危机，加之当时又遇上天灾，中原地区闹大饥荒，瘟疫流行，黄河决堤，河水泛滥，民众可谓生活在水深火热之中。此时官员贪腐严重，国库拿不出钱去解决这些问题，于是，各地爆发了起义。尽管当时的丞相脱脱一度将起义压了下去，但根本问题并未得到解决，当脱脱被政治斗争迫害，革职流放后，元朝的局势就一败涂地了。

　　在这一过程中，朱元璋脱颖而出。他由一个安徽凤阳的穷苦农民子弟，一步步成长为起义军统帅。在攻克集

十五 大明光华 重建与崩塌

庆（后改名应天，即今天的南京）站稳脚跟之后，他吸纳了一批有学之士，采取"高筑墙，广积粮，缓称王"的策略，积累实力，不着急称王称霸（以免成为众矢之的）。随后的数年，朱元璋带领大军，在江西鄱阳湖消灭了陈友谅的军队，在苏州消灭了张士诚的势力，在浙江降服了方国珍。公元1368年，朱元璋在应天府（今天的南京）建国，取国号为"大明"，使用"洪武"年号。随后，大明朝举起"驱逐胡虏，恢复中华"的口号，开始北伐，攻下元大都燕京（今天的北京）并统一了全国，北方丢失了四百多年的燕云十六州，也终于回归中国的版图。

明太祖朱元璋是个传奇人物。他有悲惨的童年，父母兄弟基本都是被饿死的。他本来要到皇觉寺当和尚混碗饭吃，谁知和尚都要挨饿，于是做乞丐沿路讨饭，恰逢起义军兴起，遂投身戎伍。由于他善于思考，富有韬略，一步步登上了皇帝的大位。朱元璋可以说是"开局一个碗"，由讨饭者做到皇帝，这个皇帝的经历在中国历史上绝无仅有。

如他的登基诏书中所说："朕惟中国之君，自宋运既终，天命真人于沙漠，入中国为天下主，传及子孙，百有余年，今运亦终。海内土疆，豪杰分争。朕本淮右庶民，荷上天眷顾，祖宗之灵，遂乘逐鹿之秋，致英贤于左右。"他本是安徽凤阳的百姓，在天下逐鹿的时候，团结了李善长、徐达、汤和、常遇春、刘基、宋濂等一大批文武之才，因此取得成功。做大事，最需要的就是"人才"了。西楚霸王项羽所以失败，因其刚愎自用，不能吸纳人才为自己出谋划策。汉高祖刘邦所以成功，因其团结人才，广泛听取意见。明太祖朱元璋的成功，再次证明，只有团结一切可以团结的力量，才有获胜的可能！

　　海内一统后，明太祖朱元璋致力于国家建设。他当皇帝的三十一年中，每天都在勤奋工作，丝毫不敢懈怠。由于他出身底层，深知民间疾苦，因而能够爱护天下百姓。他痛恨贪官，大小官员，只要涉及贪污腐败，都格杀勿论，虽然贪腐问题总是难以根治，但他的这些举措对于明初的国家稳定起到了重要作用。明太祖统治期间，他也曾多次派徐达、冯胜、蓝玉等人率军肃清草原上北元的残余势力。后期的明太祖，为了稳固朱家的天下，将开国功臣几乎清除殆尽。你可以对比一下，看看宋太祖当初是怎么对待功臣的？

　　朱元璋的另一大贡献，在于复兴了汉文化。过去的数百年中，受到女真、蒙古等游牧民族习性的影响，汉文化中雍容典雅的礼仪遭到了很大的破坏，连发型和服饰都逐渐胡化。朱元璋参照汉唐的礼仪制度，重建明朝的衣冠礼制，重整了胡化的习俗，要求少数民族都要改成汉姓。举个例子，明朝住在江苏如皋水绘园的名士冒辟疆，就是蒙古族的后裔，明朝时他被要求改汉姓。

十五 大明光华 重建与崩塌

明太祖的继承人本是他大儿子朱标,可是朱标不幸在朱元璋之前就去世了,因此皇帝之位传给了朱标的儿子朱允炆(读 wén),这就是建文皇帝。建文帝登基后,第一件大事就是削藩。当初朱元璋为了巩固朱家天下,将他的儿子们分封到了全国各地,现在新皇登基,担心这些在外的藩王们不听中央号令,于是开始削减或取消他们的封地。但是,建文帝在这件事上操之过急,激起了燕王朱棣的反抗,这便是著名的"靖难之役"。燕王朱棣是朱元璋的第四子,也是朱允炆的叔叔,他跟朱元璋的性格很像,而且善于打仗,因此被安排镇守燕京(今天的北京),抵挡蒙古人。这个"靖难之役"持续了四年,最终朱棣取得胜利,京城(今天的南京)被攻陷,建文帝不知所踪,其下落也成了历史谜团,至今都未能解开。

明成祖朱棣即位后,改年号为"永乐",后来他也被称为"永乐大帝"。他在位期间,大明的国力蒸蒸日上,朝廷开始修文,永乐帝命解缙(读 jìn)等人编修了著名的《永乐大典》,将当世所存的各类书籍共七八千种编纂成册,汇为当时世界上最大的百科全书,可惜晚清时期这些典籍都散佚了,至今尚未找到全部书籍。永乐年间,明成祖还派遣郑和多次下西洋,郑和带领全世界最大的舰队出使海外,从东南亚到印度,甚至远到非洲。永乐年间,还有一件大事,是明成祖将首都从应天府(今天的南京)迁至顺天府(今天的北京),故宫(旧称"紫禁城")就是他主导修建的。搬到北京的原因,一方面,明成祖过去长期生活在北京,在南京当皇帝反而不自在;另一方面,出于国家安全的考虑——在北京可以震慑北方游牧民族,所以后来也有人说明代是"天子守国门"。

有明一代,有几位比较勇猛的皇帝。比如永乐帝曾多次带兵到长城外与蒙古人作战,最后他便死在征讨蒙古的途中,这一点完全继承了明太祖朱元璋的性格。这让我想起李白《关山月》中的诗句"汉下白登道,胡窥青海湾。"当年汉高祖亲征匈奴,被围困在白登山七天七夜;宋真宗虽然胆小,竟也能在寇准的劝说下御驾亲征,抵抗辽国的侵犯;周世宗柴荣为了夺取燕云之地,亲征北方,以致病死。古代帝王,凡是为了国家安全,能够亲自带兵抵抗外侮的,都令人十分佩服——毕竟大部分帝王都是怕死的!为什么要自己带兵打仗呢?这个很容易理解,如果皇帝都能奋不顾身,下面的士兵自然就不怕死。所以,凡事还要自己亲力亲为才好!

随后是明仁宗朱高炽。这位帝王身体肥胖,而且腿脚有疾,行走不便,但他为人宽厚,这一点倒与他的大伯朱标挺像。可惜仁宗在位没满一年,就撒手人寰了,他的儿子朱瞻基继位,是为"明宣宗"。在三杨(杨士奇、杨荣、杨溥)等贤臣的帮助下,明朝的国力在这位明宣宗的

十五　大明光华　重建与崩塌

时代达到了巅峰,因此这个时期也被称为"仁宣之治",颇有大唐"贞观之治"的气象。

和以往的朝代相似,王朝巅峰之后就是走下坡路。随后宣宗的儿子朱祁镇继位,是为"明英宗"。这位明英宗也很特别,他的御驾亲征结局是全军覆没,连皇帝本人也被蒙古人也先的部队俘虏。为了不让对方勒索朝廷,于谦等大臣立即拥立英宗的弟弟朱祁钰为新皇帝,这就是明代宗景泰帝。也先的部队挟持着英宗皇帝攻入关内,兵临北京城下。在这个明朝立国以来最大的危机面前,于谦运筹帷幄、从容镇定,指挥打赢了北京保卫战。也先发现,挟持英宗威胁明朝的计划落空了,便把英宗朱祁镇送回北京,景泰帝朱祁钰将他软禁在南宫。

这一关便是七八年,一直到景泰帝病重。在几位别有用心的大臣们的帮助下,英宗复辟,重新当上皇帝。当年拥立朱祁钰的于谦,此刻被逮捕处死。忧国忘身的英雄人物于谦,就这样被杀害了,当年他拥立景泰帝,完全是从国家生死存亡的角度出发的,并非针对英宗,权力争夺是无情的!于谦曾写过著名的诗歌《石灰吟》:"千锤万凿出深山,烈火焚烧若等闲。粉骨碎身浑不怕,要留清白在人间。"

明英宗去世后,他的儿子明宪宗朱见深继位,改元"成化"。这位成化皇帝还做了点好事,他破除了朱元璋以来皇帝去世后要求妃子陪葬的陋习，这一点让他散发出了人性的光芒。软弱的成化皇帝，宠爱比他大十多岁的万贵妃，但这位贵妃却疯狂迫害他的子嗣，若非太监和宫女们偷偷保护，他的儿子朱祐樘可能性命不保。另外，朱见深还喜欢修仙炼丹，可能是想长生不老，但最后他正是死于服用金丹——不仅没能多活几年，反而早死了好多年。

明宪宗死后，明孝宗朱祐樘继位，改元"弘治"。这位弘治皇帝是个真正的明君，是一个正直的好人。上台后，他首先将父亲时代的奸佞之臣扫入垃圾堆，然后，广开言路，勤于治国理政。虽然他自己童年时代的生存曾受到一些人的威胁，但他当皇帝后却能选择宽恕那些人，单就这颗宽容之心，对一个拥有绝对权力的人来说，很是难得！明代的皇帝时有有辱斯文之举，喜欢在朝堂上打大臣的屁股（廷杖），把大臣抓进皇帝私设的大牢（诏狱），但在弘治皇帝理政期间，几乎没有发生过这样的事情。可惜，他三十六岁就去世了，死前说："在位十八年，为祖宗守法度，不敢怠玩。"——明孝宗当皇帝的十八年，每天都在想怎样做好皇帝，他是历史上宽厚仁爱的明君之一，那个时代也是大明王朝最好的时代。

随后的两个帝王明武宗朱厚照与明世宗朱厚熜（读cōng）都很荒唐。先是朱祐樘的儿子朱厚照登基，改元"正德"。这位正德皇帝精力过于充沛，但他对治国理政

十五 大明光华 重建与崩塌

毫无兴趣,经常不上朝,却宠幸一帮太监,盖了一个"豹房",养了许多猛兽以及一批美女少男供他寻欢作乐。大约是待在皇宫无聊吧,正德皇帝又经常偷偷跑到民间寻找乐趣,各种荒唐行为让他的口碑差到极处。但他也并非一无是处,倒也能效仿他的祖辈带兵打仗,他封自己为"威武大将军朱寿",居然也能指挥得当,击退了蒙古兵的进犯。宁王朱宸濠叛乱,在大儒王阳明已经平定了叛乱的情况下,正德帝居然兴致勃勃地南下征讨,从南京返回北京的途中,他竟在清江浦(在今天的江苏淮安)抓鱼,掉到河里喝了不少水,回到帝都不久,便一命呜呼了。荒诞不经的正德帝,当了十六年皇帝,三十一岁去世,如他父亲泉下有知,估计棺材板都要掀翻了。

明武宗没有儿子,大臣们立他的堂兄弟朱厚熜为帝,改元"嘉靖",这便是明世宗嘉靖皇帝。早期的嘉靖帝做了不少实事,整顿吏治,推行新政,国家气象焕然一新。可是到了中后期,这位皇帝却迷上了道教方术,期望得道飞升去做神仙,每日穿着道袍,自诩为真人——这就不像一个皇帝的做派了。奸臣严嵩之辈投其所好,每每撰写优美的"青词"供奉道教真君,以博得皇帝欢心,于是奸臣当道,朝政败坏。为了修仙炼丹,嘉靖帝还虐待宫女,忍无可忍的宫女们趁他熟睡时准备勒死他,可惜在慌忙中将绳子打成死结,怎么也勒不死,嘉靖帝因此逃过一劫。当时，倭寇（日本浪人）在南方作乱，一路烧杀抢掠，甚至打到了南京城下，胡宗宪和戚继光等人长期抗战，前后历经十多年才将倭寇剿灭。在北方，蒙古骑兵不断进逼北京，甚至杀到了通州，在北京城外烧杀抢掠一番才出关而去。嘉靖皇帝当了四十多年皇帝，到六十岁才死去。当年的海瑞写了天下第一奏疏，指名道姓骂他："天下之人不直陛下久矣！"——嘉靖彻底被钉在了历史的耻辱柱上！

嘉靖之后明穆宗朱载垕（读jì）登基，改元"隆庆"。他依赖高拱、张居正等贤臣治理国家，前朝的许多问题得以解决，政治面貌焕然一新，历史上称为"隆庆新政"。可惜的是，六年后他就去世了，他十岁的儿子朱翊（读yì）钧即位，改元"万历"，这就是明神宗万历皇帝。由于万历皇帝年龄太小，朝政都交给了首辅张居正，国家力行改革，重新丈量土地，推行"一条鞭法"，经过十年的努力，国库变得充实起来。万历帝二十岁的时候，张居正去世了，万历帝开始亲政，这后面的三十八年是多事之秋。有几件大事值得一说。

万历时期，明朝帮朝鲜成功抵御日本丰臣秀吉的侵略，可以说举明王朝全国之力来帮助朝鲜，称得上对朝鲜有再造之恩。这场战争对明朝产生了很大的影响，它使得明朝的国库再次空虚，也间接导致了北方女真努尔哈赤势力的乘机崛起。另一件事，是万历帝为了立太子的事情与内阁

十五　大明光华　重建与崩塌

争吵多年，最后居然三十年都不上朝，这也破纪录了。第三件事是明朝与努尔哈赤交战的失败，在"萨尔浒之战"中，明朝大军几乎全军覆没，这是一个历史转折点，从此满族人真正崛起，以至于后来的天崩地裂。可以说，是万历帝后期的作为，直接导致了明朝的灭亡。在著名学者黄仁宇写的《万历十五年》一书中，可以看到当时社会政治的缩影与细节。

万历五十八岁去世后，他儿子朱常洛继位为光宗，这位明光宗很想有一番作为，可惜只当了一个月的皇帝就归天了。明光宗的儿子明熹宗朱由校继位，改元"天启"。这位天启皇帝受教育的程度较低，最大的爱好竟是做木匠活儿，所有朝政之事都交给大太监魏忠贤去打理，阉党、东林党等人相互斗争，国内天灾不断，外部又有后金不断寻衅，国家形势每况愈下。七年后，明熹宗一命呜呼，皇位传给了他的弟弟朱由检——明朝的末代皇帝崇祯。

崇祯帝是一位勤奋之君，继位后先是扳倒了祸国殃民的大太监魏忠贤，后又任用孙承宗、袁崇焕来抵抗后金，曾取得一些胜利。只可惜他接手的是个烂摊子，已回天无力。崇祯十七年，闯王李自成的军队攻破了北京，崇祯皇帝在皇宫后的煤山（今天的北京景山）上吊自杀，立国二百七十六年的大明朝至此谢幕，这一年是1644年。以后虽然还有南京的弘光、福州的隆武、肇庆的永历等南明

入跸图（局部）【明·佚名】

政权，但普遍认为明朝灭亡于崇祯自杀的这一年。三百年后，现代作家郭沫若写了一篇文章《甲申三百年祭》，你可以找来读一下。

　　大明朝是一个比较刚猛的朝代，不似宋朝那般文弱。也许是朱元璋有好勇斗狠的基因，明朝历代帝王与北方蒙古部落斗争，与大臣斗争，与日本斗争，与女真后金斗争，与倭寇斗争，与流寇斗争，最后一位皇帝自缢向祖宗谢罪。这个朝代的文人一样勇猛，看不惯就上书开骂，骂首辅，骂大臣，骂宦官，甚至骂皇帝，哪怕在朝堂被皇帝打了板子，哪怕把牢底坐穿也不怕——他们认为，那是一种坚持真理的无上光荣。很多人认为，明朝的灭亡源于上述各种各样的斗争与开骂。读明朝历史，我虽然每每痛恨昏君、奸臣与阉党，但我更佩服那些铮铮铁骨的英雄们。借用鲁迅先生的话说："我们从古以来，就有埋头苦干的人，有拼命硬干的人，有为民请命的人，有舍身求法的人，……虽是等于为帝王将相作家谱的所谓'正史'，也往往掩不住他们的光耀，这就是中国的脊梁。"

　　我还想说一个人，这个人叫王守仁，也就是著名的王阳明。明朝两百多年中，他最为灿烂、最为光明！我们知道，中国自古就以儒学思想为正统，从孔孟时代开始，就教人如何做人，如何做事，如何积极向上。等到宋朝理学兴起，儒家在思想上有了新的突破，朱熹在儒学的思想上到达了一个巅峰。明朝的王阳明，则创造了儒学的另一个巅峰，他从龙场悟道开始，形成了一套完备的儒家心学学说。知行合一、致良知、事上磨炼等一系列思想，让人们对世界有了新的看法，让人们了解怎样更好地看待宇宙和人生。王阳明是真正领略到了人生的光风霁月，他去世前说："此心光明，亦复何言。"他回顾自己的一生，觉得无比光明！他的主要思想都萃集于《传习录》一书。当代也有很多关于他的书籍，其中日本学者冈田武彦写的《王阳明大传》很具有代表性。除了这本书，我对阳明思想的了解，大多来自钱穆先生的论著。中国历史上评价一个人的最高标准是"立德""立功""立言"，所谓"三不朽"，能同时做到这三点的人凤毛麟角，王阳明就是其中一个。他不仅发明了新的学说，在个人私德方面也无可挑剔，还曾多次平定叛乱，立下大功，因此我认为他是明代唯一的圣人！一个人从小就应当立志，范仲淹从小立志要以天下为己任，王阳明从小立志要做圣人，他们都通过自己的努力做到了，成为了历史上杰出的人物。

  关于明朝更多的故事，你可以去阅读当代作家当年明月写的《明朝那些事儿》，他文笔风趣生动，书的内容翔实，非常值得一读！

[小贴士]

● 典故

天子守国门　每况愈下　光风霁月　凤毛麟角

● 追问

1. 朱元璋"开局一个碗",从乞丐到成为一代君王,靠的是什么?
2. 同样是对待开国功臣,宋太祖赵匡胤和明太祖朱元璋有什么区别?

● 拓展

1. 朗读明朝政治家于谦的《石灰吟》,体会诗人高洁的理想和大无畏的精神。
2. 阅读历史学家黄仁宇的《万历十五年》,了解中晚期明朝的关键人物和社会制度。
3. 阅读现代作家郭沫若的《甲申三百年祭》,了解明朝灭亡的经过和原因。
4. 阅读日本学者冈田武彦的《王阳明大传》,了解一代大儒王阳明的思想。
5. 阅读网络作家当年明月的《明朝那些事儿》,感受明朝三百年的兴衰,了解历史中的人物及他们经历的事情。

十六 大清帝国 奴役与终结

- 提要
- ○ 女真族卷土重来
- ○ 皇太极改国号「大清」
- ○ 统一全国
- ○ 康乾盛世
- ○ 第一次鸦片战争,签订《南京条约》
- ○ 半殖民地半封建社会的开端
- ○ 太平天国运动
- ○ 洋务运动
- ○ 甲午中日战争
- ○ 戊戌变法
- ○ 《辛丑条约》
- ○ 中华民国的成立

宋朝年间，北方女真族建立的金国攻入开封，俘虏了徽、钦二帝，并灭亡了北宋。其后金国被蒙古所灭。明朝初期，女真分为建州女真、海西女真、东海女真（明人称"野人女真"）三大部。

明朝后期，中国东北建州的女真族发展壮大，女真部落作为一个新兴的军事实体，它的战斗力远强于腐朽的明朝，在屡次战斗中，女真族逐渐占据了上风。于是努尔哈赤建立了大金国，也被称为"后金"，将国都设立在盛京（今天的沈阳），整个东北基本都在他们的控制之下。

努尔哈赤后来因与明朝作战受伤而去世，他的儿子皇太极。继位后，继续与明朝作战。或许是他们认为汉族观念中的女真带有贬义色彩，1635年，皇太极下令废除旧有族名"女真"，改称"满洲"。1636年（崇祯年间），皇太极称帝，并改国号为"大清"这个时候，他们的目标变得更加明确：打败明朝，入主中原。

当然，东北的后金不仅有女真人，还有很多汉族人、

十六 大清帝国 奴役与终结

蒙古族人，皇太极注意把这些人也联合起来，壮大自己的力量，在这个过程中，满族人也开始慢慢汉化了。明朝灭亡前一年，皇太极去世，他年幼的儿子福临继承皇位，即顺治皇帝，由其叔叔多尔衮担任摄政王。1644年，李自成攻破北京城后，镇守山海关的明朝将领吴三桂打开了关门，把清兵引入关内，于是清军占领了北京。

接下来，清军一路向南，逐步剿灭了李自成、张献忠等人的叛乱势力。明朝宗室在南方相继建立的几个政权（史称"南明"），其军队也是或溃败或投降。1662年，南明永历帝被杀，1683年，台湾被攻克，至此清王朝统一了全国。

爱新觉罗氏的清王朝，在历史上一共出现了十二位皇帝，分别是努尔哈赤、皇太极、顺治、康熙、雍正、乾隆、嘉庆、道光、咸丰、同治、光绪、宣统，统治中国两百六十多年，在这个过程中，满人的思想、行为、生活方式逐渐汉化，渐渐与汉民族融合起来。不过，因为清朝廷强制其他民族剃发易服的野蛮行为——把头顶前面的头发强行剃掉，蓄发部分编为长辫垂于后背，改穿满族的服饰——至今仍有人持不认同清朝这个政权的观点，认为清王朝不是华夏正统，他们是"鸠占鹊巢"。

康熙皇帝玄烨，是清室最为出色的皇帝，也称"清圣祖"。康熙八岁登基，在位六十一年，主要成绩包括：

扳倒了权臣鳌拜，平定了三藩，收复了台湾，击败了沙俄，打败了准噶尔，等等。最重要的是，他发展了经济，安定了社会，开创了"康乾盛世"的局面，天下大乱至此结束，百姓可以安定生活了。为了收拢人心，他曾到南京祭拜明太祖，到孔庙祭拜孔子。至今，在明孝陵还能看到康熙手书的"治隆唐宋"。他也尊奉藏传佛教，团结藏族人。康熙还收复了漠北，与蒙古部落的王公结盟，使蒙古逐步向心中华。可以说，康熙皇帝是中国历史上很有作为的皇帝之一。美国学者史景迁写过一本《康熙：重构一位中国皇帝的内心世界》，写得挺优美，你可以一读。

康熙晚年的时候，发生了"九子夺嫡"，九个儿子争夺皇位，最后四儿子胤禛（读zhēn）取得成功，成为雍正皇帝。雍正是历史上著名的勤政皇帝，在位十三年，几乎每天都忙于政务，最后累死在皇位上。

随后是乾隆时代，这位皇帝统治国家六十年，他在位时清王朝到达了巅峰。乾隆皇帝喜好附庸风雅，吟诗作对，号称历史上写诗最多的皇帝，但他的诗大部分艺术价值不高，晚年他还自诩为"十全老人"。可惜这位皇帝过于自大，沉迷于天朝上国的美梦，没有看到世界正在发生深刻的变化，以至于中国渐渐落后于西方国家。在他那个年代，太平洋彼岸已建立了具备崭新制度的国家——美利

乾隆帝元宵行乐图 【清·乾隆】

坚合众国,人们很难想象美国华盛顿总统与乾隆皇帝居然死于同一年,大家很难把这两个人、两件事从时间上画等号。

再往后到了嘉庆、道光、咸丰等皇帝的时代,清王朝开始走下坡路了。西方国家的工业革命,让清朝领教了什么是船坚炮利,1840年鸦片战争的爆发,标志着中国走入了屈辱的近代史。英国人在鸦片战争中打败了清政府,中国被迫签订了包括割让香港岛、开放港口等内容的《南京条约》,割地赔银,经济上越发落后。之后爆发了太平天国起义,这场运动历时十多年,在曾国藩等人的镇压下,太平天国运动最终失败。第二次鸦片战争中,英法联军又强迫中国签订了《天津条约》和《北京条约》,统统是丧权辱国条款。我们历史课本上所说的半封建半殖民社会,也就是从这个时代开始的。

到了同治和光绪的时代,清朝廷出现了慈禧太后垂帘听政的局面,慈禧太后可以说祸国殃民。为了振兴国家,李鸿章等人向西方学习,开始了洋务运动,国力有所增强。随着明治维新而迅速崛起的日本,也来欺凌中国,在中日甲午战争中,李鸿章的北洋舰队全军覆没,清政府被迫签订《马关条约》,割让台湾岛及其附属各岛屿给日本并赔偿2亿两白银。在这样的危机下,康有为、梁启超等人发动了戊戌变法,希望向英国、日本等国学习，建立君主立宪的政体，但是慈禧等人为了自己的权力，扼杀了这场仅有百日的维新运动。进入二十世纪，八国联军攻占了北京城，慈禧等人仓皇向西逃跑，号称"万园之园"的圆明园也被烧毁，最后以清政府被迫签订《辛丑条约》而收场。

既然和平的变法改革行不通，那就只剩下革命这一条道路了。1905年，孙中山在日本成立了中国同盟会，提出"驱除鞑虏，恢复中华，创立民国，平均地权"的口号，希望像明太祖推翻元朝一样，用武力推翻腐朽的清政府。1911年，武昌起义爆发，1912年，中华民国成立，随后袁世凯迫使清代最后的皇帝溥仪退位，清王朝就此灭亡。

回过头来看大清王朝，一个故步自封、满朝文武自称"奴才"的朝代，注定是没有前途的！从学术和思想的角度看，前期清人占领中原后，采取文化高压政策，朱熹、王阳明这样的大思想家再也没有出现。到了后期，除了少数人翻译了具有世界先进思想的书籍外，大部分知识分子还是未能正视西方学问，"中学为体，西学为用"，这反映出了文化上的保守心态，也从一定程度上阻碍了中国的发展。

天下大势，浩浩荡荡，顺之者昌，逆之者亡！清朝后期，中国遭遇了千年未有之大变局，传统封建制度到此土崩瓦解，它意味着一种终结。鸦片战争后，中国过去一直领先世界的局面被翻转，成为了落后的民族。被动挨打、丧权辱国，失败与痛苦百年来一直笼罩在中国人的心头。

辛亥革命之后，中国进入了一个新的时代，人们痛定思痛，放眼看世界，重新审视以往的历史和文化，在新的赛道上开展竞争，并且逐步回到了世界前列。我们相信，中华民族作为世界第一大民族，未来一定可以再次引领世界！

十六 大清帝国 奴役与终结

小贴士

● 典故

鸠占鹊巢　附庸风雅　土崩瓦解

● 追问

结合本章内容,谈谈你对"天下大势,浩浩荡荡,顺之者昌,逆之者亡"的理解。

● 拓展

阅读美国汉学家史景迁的《康熙:重构一位中国皇帝的内心世界》,了解"千古一帝"康熙。

后记

这是一本写给孩子的书,其中闲聊了一些中国的历史。

当我提起笔,想写一点文字的时候,眼前首先浮现的是儿子出生的那一刻,当他睁开双眼,好奇地打量着这个世界时,我内心充满无限喜悦,那是世界上任何快乐都无法比拟的。随着儿子慢慢长大,我迫不及待地想把自己知道的东西都告诉他。他三四岁学会认字,而后又热爱读书,于是我就想给他写点什么。自然,我想起自己从小喜爱的历史故事,并发愿在他十岁前给他写本小书,聊聊我眼中的中国历史,也算是尽到一点做父亲的责任。

一晃数年过去了,因为工作的缘故(其实是借口),我迟迟没有动笔。眼看儿子开始读小学,二年级能独立完成《堂吉诃德》《老人与海》等书籍的阅读,三年级已经读起英文版小说《哈利波特》,我觉得是时候开始写了。写完几篇给儿子阅读后,发现他

临摹竹林五君图 【作者侄女】

挺感兴趣，这对我也是一种支持和敦促。我的侄女也对历史有浓厚的兴趣，左图是她临摹的《竹林五君图》。

我相信，人们对待历史有几种不同的态度：一种只是想有所了解，不至于对历史一无所知；另一种是爱好，对历史有浓厚的兴趣，甚至希望通过历史来照亮当下；还有一种则是专业研究。当今研究通史的人少，多数是找一个切入点深挖下去，发明或建立新的学说。我在大学从事与计算机相关的教学和科研工作，对于历史的态度是第二种，在历史方面没有"把金针度与人"的本领和欲望。

这本小书中有关中国历史的记述，基本是我个人的认知，多是在出差途中写的，其中不会详细地讲各种历史的来龙去脉，毕竟各种巨著如汗牛充栋，如果你喜欢或者好奇，可以通过阅读专业的书籍去了解更多细节。我在这里就是闲聊历史，让孩子有所了解。如有不对的地方，也请指出来。

希望你能开心！

钱振兴
2021年秋于复旦大学

图书在版编目(CIP)数据

计算机教授给孩子讲历史/钱振兴著.—上海:复旦大学出版社,2023.1
ISBN 978-7-309-16450-3

Ⅰ.①计… Ⅱ.①钱… Ⅲ.①中国历史-青少年读物 Ⅳ.①K209

中国版本图书馆 CIP 数据核字(2022)第 186959 号

计算机教授给孩子讲历史
JISUANJI JIAOSHOU GEI HAIZI JIANG LISHI
钱振兴　著
责任编辑/李又顺　刘西越

复旦大学出版社有限公司出版发行
上海市国权路 579 号　邮编:200433
网址:fupnet@fudanpress.com　http://www.fudanpress.com
门市零售:86-21-65102580　　团体订购:86-21-65104505
出版部电话:86-21-65642845
上海盛通时代印刷有限公司

开本 890×1240　1/32　印张 7.25　字数 127 千
2023 年 1 月第 1 版
2023 年 1 月第 1 版第 1 次印刷

ISBN 978-7-309-16450-3/K·790
定价:58.00 元

如有印装质量问题,请向复旦大学出版社有限公司出版部调换。
版权所有　侵权必究